Michael Schmitz | Gerd Scholten | Jürgen Schmidt | Ernst Mettlach

KULTIG, LECKER & GESUND

Impressum

Herausgeber: Trierer Viezbruderschaft e.V.

Nachdruck und Vervielfältigung nur mit ausdrücklicher schriftlicher Genehmigung des Verlags.

Cartoons: Johannes Kolz
Abbildungen: Ernst Mettlach, Rudi Müller, Andreas Scherf, Jürgen Schmidt, Michael Schmitz, Dr. Gerd Scholten, Trierer Viezbruderschaft, Hanspitt Weiler, Armin Hunsicker, Michael Weyand, Elvi Zimmermann, FotoVeit Trier, Josef Hammen, Pixabay – Günther Schneider, Pixabay – Capri23auto, Wikipedia – Bjørn Christian Tørrissen, Wikipedia, Duöan Zidar - Fotolia,
Satz und Gestaltung: Jennifer Neukirch, Johannes Kolz
Lektorat: Gabriele Belker

Gesamtherstellung und Vertrieb:
Verlag Michael Weyand, Trier, Friedlandstr. 4, 54293 Trier
www.weyand.de, verlag@weyand.de

1. Auflage 2020

ISBN 978-3-942 429-57-3

der; -Substantiv, maskulin
(durch alkoholische Gärung aus dem Saft
von Äpfeln erzeugtes, weinähnliches
Getränk)

Inhalt

Vorwort Dr. Gerd Scholten   S. 10

Grußwort Hanspitt Weiler –
Präsident der Trierer Viezbruderschaft e.V.   S. 11

Vom Apfel zum Viez   S. 12

Faex, faeces oder potio: Woher der Name Viez kommt   S. 18

Das ist drin im Viez   S. 24

Der Viez und die Gesundheit   S. 30

Lebensmittelrecht: Das darf rein in den Viez   S. 34

Der Herr der Porzen   S. 36

Lebensunterhalt Viez – Interview mit Andreas Scherf   S. 46

Vieztrinker mit Oberlippenbart –
Interview mit Franco Piccolini   S. 52

Viez it yourself: So macht man eigenen Viez   S. 54

Apfelwein weltweit   S. 60

Route du Cidre   S. 62

Kein Viez ohne Äpfel – Die Sortenkunde   S. 64

Geschichte: Woher die Obstbäume kommen   S. 72

Die Bedeutung der Streuobstwiesen   S. 75

Viez it yourself: So pflanzt man einen Hochstamm   S. 76

Brüder im Geiste und stolze Viez-Enthusiasten –
Interview mit Hanspitt Weiler   S. 82

Das Viezbruderlied   S. 86

Die Viezfeste   S. 88

Nuren aus der Porz schmeckt de Viez su richtig gammer –
Gedicht von Helmut Haag   S. 98

Viezfreunde wohin man sieht   S. 100

VIEZFAKTEN

Weshalb die Kelter Kelter heißt .... S. 17
Königinnen & Könige .... S. 23
Die Kalorien .... S. 33
Warum die Porz Porz heißt............................ S. 45
Der Gedenktag....................................... S. 53
Der Jahrgang .... S. 59
Der ViezoMat .... S. 63
Eis-Viez .... S. 70

Vorwort

»Über die Mosel und den Wein wurde schon viel geschrieben.
Jedoch liegen über den Viez kaum Publikationen vor,
die einen Überblick über das Heimatgetränk geben.«

Mit diesem Satz beginnt das Vorwort zum Buch über den „Trierer Viez", das Eberhard Klitta und ich vor ziemlich genau 30 Jahren herausgebracht haben. Eberhard Klitta, der leider viel zu früh verstorben ist, hat die Kapitel Geschichte und Obstanbau übernommen. Die Themen Inhaltsstoffe, Analytik und gesundheitliche Aspekte waren mein Part.

Schon damals haben wir festgestellt, dass der Viez einen starken Aufstieg erlebt hat und – als ehemaliges Armeleutegetränk – heute gesellschaftsfähig geworden ist. Die heute erzeugten und vermarkteten Viezmengen und das enorme Interesse an unserem damaligen Büchlein belegen diese Aussage.

Was hat sich in den letzten 30 Jahren geändert?

Der Viez hatte noch nie eine so hohe Qualität wie heute. Dies liegt unter anderem an der in regelmäßigen Zeitabständen stattfindenden „Viezprämierung", bei der der Erzeuger sein Produkt anstellen kann und eine klare und neutrale Aussage zur Qualität und den Möglichkeiten der Optimierung erhält.

Gesellschaftsfähig ist der Viez auch durch die Trierer Viezbruderschaft geworden, die sich 2010 gegründet hat und sich für das Produkt und die regionalen Streuobstwiesen intensiv engagiert.

Der Viez erlebt in den letzten Jahren eine deutliche Wertsteigerung. Die Pflege der Streuobstwiesen mit den heimischen Obstarten gibt dem regionalen Produkt Viez eine Vielfalt, die immer wieder zum Probieren anregt.

Es ist immer ein Genuss, ein qualitativ hochwertiges Getränk zu trinken. Dies gilt auch für alle anderen Getränke, die dem Genießer ein besonderes Geschmackserlebnis vermitteln.

Dieses neue Viezbuch soll Ihnen in unterhaltsamer Weise interessante und wissenswerte Informationen zum Viez geben.

Ich wünsche viel Freude beim Lesen und Genießen.

Dr. Gerd Scholten

Liebe Viezfreunde,

seit einiger Zeit beschäftige ich mich mit der Frage:

> *Was passierte eigentlich mit dem Apfel,
> nachdem Wilhelm Tell ihn vom Kopf seines Sohnes
> geschossen hatte?*

Nun, wäre der Schweizer Nationalheld aus der Trierer Region gewesen, wäre die Antwort klar: Er hätte Viez daraus gemacht. Denn hier bei uns ist der saure Apfelwein, unser Viez, das ureigene Nationalgetränk und genießt inzwischen Kultstatus – so sehr, dass viele engagierte Viezhersteller in der Region, und auch wir, als die Trierer Viezbruderschaft, unser Hauptaugenmerk auf seine Bewahrung und Pflege legen.

Wer und was ist diese, erst 2010 gegründete Trierer Viezbruderschaft und was wollen wir erreichen? Da darf ich gerne kurz unsere Satzung zitieren: „Das oberste Ziel unserer Bruderschaft ist die traditionelle Stellung des Viez, seine Herstellungsverfahren, das Brauchtum rund um den Viez und der dazugehörigen Viezporz für die Allgemeinheit zu erhalten und auszubauen."

Wir sind sehr glücklich darüber, inzwischen ganz feine Kooperationen mit vielen Viezherstellern, mit dem Verein Viezstraße e.V., vielen Touristik-Büros und den Menschen, die sich um den Viez bemühen, eingegangen zu sein.

Viez, Most, Cider, Sidra, Äppelwoi – der „Apfelwein" hat zahlreiche Namen. Egal, wo er getrunken wird: er macht gute Laune und vermittelt immer ein einzigartiges Heimatgefühl.

Und genau dieses Gefühl wollen wir, die Trierer Viezbruderschaft, mit diesem Buch vermitteln. Viez ist ein ganz besonderer Saft, in seinem Ursprung, seinem Herstellungsverfahren und in der Form, wie der Viez in dem speziell dafür geschaffenen Trinkgefäß, der Porz, genossen wird.

Wir sind sehr stolz darauf, dem Viezfreund und allen, die es werden möchten, hiermit einen kompakten Überblick über das Beste, was regionale Viezhersteller aus einem Apfel machen können, zu vermitteln.

Dieses Buch ist eine Liebeserklärung an unser beliebtes Kultgetränk, den Viez.
Viel Spaß damit!

Hanspitt Weiler
Präsident der Trierer Viezbruderschaft e.V.

Vom Apfel zum Viez

WARUM IN EINER
PORZ APFELWEIN
JEDE MENGE
ARBEIT STECKT

Tock, tock, tock. Apfel auf Apfel fällt in den Anhänger. Als der Fotograf der Viezbruderschaft Rudi Müller bittet, für eine Aufnahme kurz innezuhalten, fragt er: „Komm ich dann in den Playboy?", lacht und bückt sich schon flugs wieder nach den nächsten Äpfeln.

Tock, tock, tock. Handarbeit ist es, die der passionierte Viezproduzent im Nebenerwerb da leistet. Gummistiefel, Schaffbux, so stapft er zusammen mit seiner Schwester die Streuobstwiese auf und ab, Baum für Baum ernten die beiden, sammeln die Äpfel in Körben auf und schütten sie vorsichtig in den Hänger am Bulldog. Die Streuobstwiese liegt in Trier verborgen hinter Wohnhäusern, ein kleiner Hügel nur, aber mit einem phantastischen Ausblick Richtung Basilika Sankt Matthias. Und mit viel Sonne.

Ontario heißt die Sorte, die er an diesem sonnigen Herbsttag erntet. Melrose eine andere. Dick, rot und sonnengereift sind die Äpfel. 810 Gramm bringt einer der größten auf die Waage, ein Prachtstück von Apfel. Schon ein wenig Rütteln an den ordentlich geschnittenen Stämmchen reicht, um sie dutzendweise von den Bäumen purzeln zu lassen. Die „Ruselstange" Marke Eigenbau – sie sieht aus wie eine Helebarde aus dem Mittelalter – hat Müller auch dabei für die schon höher gewachsenen Bäume, und einen Helm. So ein Apfel aus drei oder vier Metern Höhe kann schon eine ordentliche Beule auf dem Kopf hinterlassen. Je nach Baum geht er da lieber auf Nummer sicher. Viele Äpfel pflücken Rudi Müller

und seine Schwester aber auch schlicht per Hand direkt vom Baum. Fallobst bekommt schließlich schnell Beulen und Risse. Die sind Einfallstore für faule Stellen – und die will Rudi Müller nicht in seinem Viez haben. Aber dazu später mehr.

Sonnengereift und stattlich sind die Äpfel zur Erntezeit

Gut drei Meter lang ist die Maschine, in der die Äpfel gereinigt werden.

Tock, tock, tock – vom leicht gekippten Hänger rollen die Äpfel einige Tage später in Pluwig auf dem Hof der Müllers in die Waschmaschine. Eine Waschmaschine für Äpfel, die gibt es tatsächlich. Gut drei Meter lang, aus glänzend poliertem Metall ist die Maschine, in deren Inneren sich eine Art riesiger Bürste in frischem Wasser dreht. Ein bisschen erinnert das Gerät an eine Autowaschanlage.

Alles hier ist pikobello sauber, von den Maschinen bis zu den Edelstahlfässern – und das nicht nur, weil zwei Viezbrüder für eine Reportage vor Ort sind, sondern weil Sauberkeit beim Winzer wie beim Viezproduzenten essentiell

wichtig ist, wenn man einen guten Viez produzieren will. „Saubermachen ist die meiste Arbeit", sagt Rudi Müller. Mehr als eine Stunde dauert es, bis nach einem Produktionstag die kompletten Anlagen gesäubert sind.

Tock, tock, tock. Rudi Müller steht am Hänger, sorgt dafür, dass die Äpfel einigermaßen gleichmäßig in die Maschine rollen. Und sortiert den einen oder anderen Apfel auch komplett aus. Echte Handarbeit, die ihm wichtig ist: Faulige Äpfel oder Blätter oder gar kleine Ästchen will er nicht in seinem Most haben. Das Fruchtfleisch der Äpfel soll dem Viez einen möglichst reinen Apfelgeschmack

Nach der Waschanlage geht es über das Förderband zur Mühle, in der die Äpfel zerkleinert werden.

geben. Alles, was ihn verfälschen könnte, wird aussortiert.

Tock, tock, tock – frisch gewaschen fallen die Äpfel aus der Waschanlage auf ein Förderband, das sie zur Mühle führt. Am Förderband: die nächste Qualitätskontrolle – in Gestalt von Müllers Ehefrau. Mit einem kleinen Messer bewaffnet rückt auch sie fauligen Stellen zu Leibe oder sortiert ganze Äpfel aus, die Rudi Müllers geschultem Auge entgangen sind. In der Mühle werden die Äpfel maschinell zerkleinert. Fingerdicke Apfelstückchen fallen aus der Mühle durch einen Rost. Eine Art Spindel transportiert die Apfelmasse weiter.

Aus dem unregelmäßigen tock, tock, tock der kullernden Äpfeln wird ein regelmäßiges Tschok, tschok, tschok – die Apfelmasse wird durch einen etwa fünf Meter langen, mehr als armdicken Schlauch gepresst. Am Ende landet sie in einer gigantischen elektrischen Kelter. Mehr als eine Stunden dauert es, bis deren Behälter gefüllt ist und sie mit mächtigem Getöse aus der Apfelmasse den Most presst. Übrig bleibt der feste Apfeltrester, die Reste aus der Presse, die als Dünger verwendet werden oder – bei Rudi Müller – an einen Jagdpächter gehen, der damit Wild anfüttert. Und übrig bleibt natürlich: frischer, reiner Apfelsaft, das Vorprodukt des Viezes. „Oh",

staunt Rudi Müller, als er mit Blaulauge die Säure bestimmt: 11 g/L Säure ermittelt er. Viel Zucker, 60 Grad Oechsle, viel Säure, das lässt auf einen eher herben Viez mit hohem Alkoholgehalt schließen. Viele Vieztrinker mögen den Apfelwein eher mild, Rudi Müller aber freut sich über „schöne Säure und Spritzigkeit".

Bis es soweit ist mit dem Viez, gehen aber noch einige Wochen ins Land, auch im Keller macht der Viez noch Arbeit. Von der Kelter aus fließt der Saft in große Stahlfässer, wo er schon nach wenigen Tagen zu gären beginnt. Dank der Reinzuchthefen, die Müller – so wie jeder Winzer auch – dem Most zusetzt, um die Gärung in Gang zu bringen.

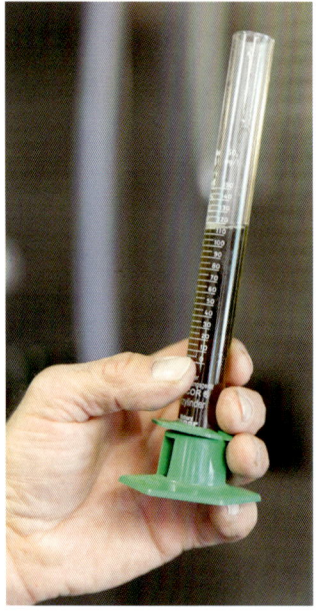

Nach dem Keltern wird der Öchslegrad bestimmt.

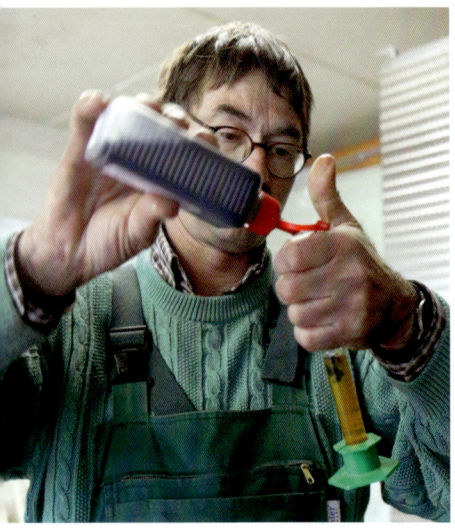

Viez machen – das ist nicht Müllers Beruf, aber so eine Art Berufung. Seit 1991 produziert er im Nebenerwerb, hat nach und nach die Maschinen aufgerüstet, sich Tipps für die Produktion bei Winzern geholt und auch eigene Erfahrungen gesammelt. Das eine oder andere Fass ist dabei auch schon mal schief gegangen, berichtet er. Viez, den man nicht trinken konnte. Heute kann er darüber lachen.

In aller Regel aber ist alles gut gegangen, wenn Rudi Müller den Viez in die Flaschen oder die Bag-in-Box-Beutel abfüllt und zum Verkauf anbietet. Bei der Blindverkostung des Dienstleistungszentrums Ländlicher Raum haben seine Vieze mehrfach als die besten aus der gesamten Region abgeschnitten. Wenn aus dem tok, tok, tok der Äpfel das plopp, plopp, plopp der Viezflasche beim Viezfreund wird, ahnt der vielleicht gar nicht, wie viel Handarbeit und wie viel Arbeit überhaupt das ganze Jahr über in die Produktion gesteckt wird. Behutsames Aufraffen, mehrfaches Aussortieren, das fachkundige Beschneiden der Bäume, die Erfahrung und das richtige Händchen beim Keltern und anschließend bei der Produktion im Keller. Dass Rudi Müller seinen Viez dennoch für 1,50 bis 2 Euro pro Liter anbietet, ist angesichts dessen fast geschenkt.

◥ Michael Schmitz

FAEX, FAECES ODER **POTIO:**

Woher der Name Viez kommt

Viez kommt von *vice*, so lautet eine der am weitesten verbreiteten Erklärungen zur Herkunft des Wortes Viez. *vice vini* seien bei den Römern Obstweine gewesen, Vize-Weine also im Vergleich zum Traubenwein. Das Billig-Produkt für Soldaten und arme Leute. Diese Erklärung klingt zwar auf den ersten Blick einleuchtend, man kann sie sich auch gut merken, sie hat nur einen Makel: Sie ist wohl falsch.

Woher die Erklärung mit dem Vize-Wein überhaupt stammt
Egal, wo man recherchiert: die Erklärung mit dem Vice-Wein hält sich hartnäckig. Das mag daran liegen, dass sie ein damals ziemlich prominenter Trierer in die Welt gesetzt hat: Philipp Laven. Laven, geboren 1805 in Trier, gilt als der erste Mundartdichter der Moselstadt.

Der Lehrer, der unter anderem auch die Zeitschrift „Treviris" gründete und sich mit Archäologie, Geschichte und Sagen beschäftigte, veröffentlichte 1834 „Et Lied vom Viez". In dieser zehnstrophigen Lobeshymne auf den Trierer Apfelwein taucht, so hat es jedenfalls Eduard Lichter fürs Trierische Jahrbuch 1976 recherchiert[*], zum ersten Mal das Wort Viez in schriftlicher Form auf. Und nicht nur das: Laven liefert beim Gedicht eine Randnotiz mit: „Viez, Apfelwein, soll herkommen von Vice-Wein." Weitere sprachhistorische Betrachtungen macht Laven nicht – aber der Erklärungsversuch des gelehrten und bekannten Philologen fand weite Verbreitung. Eduard Lichter hat Annoncen alter Zeitungen ausgewertet sowie Rechnungen von Gastwirtschaften in Trier und Umgebung. Er findet vor dem Gedicht von

Laven keine schriftliche Erwähnung des Wortes Viez. Und auch nach der Veröffentlichung des Gedichtes taucht der Begriff über Jahrzehnte hinweg zunächst kaum auf. Das kann nicht daran gelegen haben, dass man keinen Apfelwein trank: 1817 gab es in Trier 43 und in den Vororten 11 Weinwirte. In diesem Jahr wurden 2.530 Hektoliter Wein, 6.868 Hektoliter Bier und 8.303 Hektoliter Äpfel- und Birnenwein in Trier getrunken. Dreimal mehr Viez also als Wein. Trotzdem spricht man in dieser Zeit auf Rechnungen von „Apfelwein", „Apfeltranke" oder schlicht vom „Tranck". In der Zeit der französischen Besatzung ist der Be-

griff „Cider" populär im Trierer Land – der natürlich vom Cidre abgeleitet ist. 1853 findet sich der Name „Viets" in einer Beschreibung über den Obstanbau im Moselland, bezogen auf das damalige Dorf Schweich. Geht man also nach den schriftlichen Belegen, so scheint der Begriff Viez erst Mitte bis Ende des 19. Jahrhunderts überhaupt weitere Verbreitung gefunden zu haben. Denkbar ist aber, dass der Begriff im moselfränkischen Platt schon länger existierte. Dazu aber gibt es natürlich – weil Platt die gesprochene Sprache ist – keine schriftlichen Aufzeichnungen.

Warum das mit dem „Vize-Wein" nicht stimmt

Der Sprachwissenschaftler Johannes Kramer hat sich in mehreren Beiträgen[**] eingehend mit der Frage beschäftigt, wie das Wort Viez entstanden ist, sowohl von der lautlichen Entwicklung (Phonetik) her wie auch von der möglichen Bedeutung (also der Semantik).

Zunächst stellt Kramer fest, dass es das Wort Viez bis heute nur in einer Region gibt, in der vor rund 1400 Jahren das sogenannte Moselromanisch gesprochen wurde. Dieses Moselromanisch war eine Art Tochtersprache des Lateinischen, die nach dem Untergang des römischen Reiches entlang von Saar und Mosel gesprochen wurde, also in etwa in dem Gebiet, in dem man auch heute noch die meisten Viezproduzenten und -konsumenten findet. Die Sprachwissenschaftler gehen davon aus, dass diese Sprache vor allem zwischen den Jahren 500 bis 800 verbreitet war, sich danach nur noch in einzelnen Sprachinseln erhalten hat und schließlich ausgestorben ist.

In diesem moselromanischen Sprachgebiet soll sich aus dem Lateinischen ein Wort für Apfelwein entwickelt und bis heute erhalten haben, das es so in anderen romanischen Sprachen (dazu gehören zum Beispiel Italienisch, Spanisch, Portugiesisch und Französisch) nicht gibt, nämlich das Wort Viez.

Die Herleitung von Viez aus *vice* verwirft Kramer aus phonetischen Gründen. Das Problem ist dabei nämlich, dass sich aus dem kurzen lateinischen i von *vice* im späteren und bis heute gesprochenen moselfränkischen Dialekt (nicht zu verwechseln mit der moselromanischen Sprache) kein langes i wie im Viez, sondern ein ei entwickelt hätte. Die Herleitung von Viez aus *vice* kommt also lautlich nicht hin.

Erklärungsversuch Nummer 1: Viez kommt von faex/faece

Sprachwissenschaftler Kramer kommt stattdessen zum Schluss, dass der Ursprung des Wortes Viez im lateinischen Wort *faex* beziehungsweise *faece* zu sehen ist. Der f-Laut am Anfang des Wortes ist demnach über die Jahrhunderte erhalten geblieben, *ae* und das kurze *e* haben sich im moselromanischen zu einem langen *i* entwickelt, das *c* vor einem hellen Vokal wird zu –ts-, das Auslaut –e von *faece* ist weggefallen. Die Lautentwicklung hin zum Wort Viez aus dem lateinischen *faex/faece* lässt sich so wissenschaftlich schlüssig erklären.

Bleibt die Frage, ob es auch einen Inhalt des Wortes faex im Lateinischen gibt, der irgendwie zum Apfelwein passt. *faex* hat eine ganze Reihe von Bedeutungen, beispielsweise „Ablagerung, Bodensatz einer Flüssigkeit", „Weinhefe" oder „Abschaum, Pöbel". Kramer hat aber auch lateinische Stellen ausgemacht, bei denen *faex* das Getränk „Nachwein" bezeichnet. Dieser Nachwein wurde durch Aufgießen von Wasser auf Trester hergestellt, teils auch durch das Auspressen von Weinhefe. Dieser *faex* dürfte also eher weniger schmackhaft gewesen sein und war laut dem Schriftsteller Cato ein verachtetes Getränk für die Sklaven. Kramer folgert: „Es wäre nun durchaus denkbar, dass in der lateinischen Umgangssprache der Moselregion faex nicht nur den aus Weinhefe gewonnenen Nachwein bezeichnete, sondern ohne Rücksicht auf die Herstellungsart überhaupt jeden minderwertigen Wein – Hefewein, Tresterwein, Obstwein und dann eben den häufigsten Obstwein der Region, also den Apfelwein (und sekundär den Birnenwein)."

Erklärungsversuch Nummer 2: Viez kommt von potio

Eine andere Theorie hat Stefan Barme aufgestellt, ebenfalls Sprachwissenschaftler.[***] Er bringt das Wort *potio* ins Spiel, lateinisch für „Trank, Getränk". In einer mittelalterlichen Handschrift aus dem Jahr 1413 aus Prüm gibt es die Formulierung *„eine(m) pott puitz"*. Das *ui* in *puitz* wurde als langes *ü* gesprochen und lässt sich laut Barme in der Lautentwicklung aus dem lateinischen *potio* herleiten. *püts* also sei ein moselromanisches Wort, das auch ins lange Zeit parallel existierende Moselfränkisch übernommen worden sei – den Dialekt, der auch heute noch in der Region gesprochen wird. Dann kommt die so genannte zweite Lautverschiebung ins Spiel: *p* am Wortanfang wird zu *pf*. Eigentlich ist diese Lautverschiebung zwar im Moselfränkischen gar nicht passiert, aber bei einigen Reliktwörtern schon, schreibt Barme. Das *pf* sei aber nur als *f* gesprochen worden (wie es auch heute noch in der Alltagssprache mit vielen Worten geschieht wie in Pflanze, Pferd oder Pfifferling). Dass aus dem *ü* in der *fütz* ein *i* oder *ie* wird, ist im Moselfränkischen an vielen Stellen zu beobachten,

21

schreibt Stefan Barme und nennt den *Hügel – Hiejel* oder die *Tür – die Dir* als Beispiele. Potio → pütz → Viez – wenn die Theorie stimmt, kommt die Bezeichnung also schlicht vom Wort „Getränk". Das hält Barme für durchaus gut möglich, denn es gibt weitere Beispiele von Wörtern in anderen Sprachen, bei denen sich aus dem Wort für Getränk der Name für ein spezielles Getränk entwickelt hat. Stefan Barme folgert also: „Wer Viez trinkt, trinkt aus etymologischer Sicht weder einen minderwertigen Wein noch Weinhefe, sondern einfach einen Trank, einen Alltagstrank!"

faex, der Nachwein. *potio*, das Getränk. Zwei Theorien also für die Herkunft des Wortes Viez. Wirklich beweisen lässt sich – wie so oft in der historischen Sprachwissenschaft – keine davon. Man kann allenfalls die eine oder die andere für plausibler halten. Viezfreunden, die ihren Apfelwein lieben, dürfte es vielleicht nicht gefallen, dass sich das Wort Viez aus einem lateinischen Wort für minderwertigen Wein oder so etwas schlichtem wie aus dem alltäglichen Getränk entwickelt hat. Einen Trost aber gibt es: Halb Europa hat sich bei der Benennung des Apfelweins schließlich am lateinischen sicera und dem griechischen sikera („berauschendes Getränk") orientiert (Cidra, Cider oder Sidra) – nur an Mosel und Saar hat sich der Viez durchgesetzt. Er bleibt also so oder so etwas Besonderes.

◥ Michael Schmitz

---

* Eduard Lichter hat sich für das Neue Trierische Jahrbuch zweimal mit dem Viez beschäftigt. 1976 mit dem Beitrag „Der Viez ist älter als sein Name" (S. 81–93), Neues Trierisches Jahrbuch 1976, herausgegeben vom Verein Trierisch e.V., gedruckt im Selbstverlag des Vereins. Außerdem im Beitrag „Vom Apfeltrank und Apfelwein zum Viez", Neues Trierisches Jahrbuch 1986, S. 103–108.

**Johannes Kramer hat die Wortherkunft des Viezes in mehreren Beiträgen beleuchtet. Quelle hier ist sein Text „Ein moselromanisches Reliktwort: Viez (lat. Faex)." In: Kurtrierisches Jahrbuch. 42. Jahrgang 2002. Herausgegeben von der Stadtbibliothek Trier und dem Verein Kurtrierisches Jahrbuch e.V.

*** Stefan Barme hat die Herkunft des Wortes Viez ebenfalls in mehreren Beiträgen untersucht. Quelle hier ist sein Buch „Nacktarsch, Viez und Ledertanga. Ausflüge in die Kulturgeschichte des Mosellandes.", das neben dem Viez viele weitere Wortherkünfte aus der Eifel/Mosel/Hunsrück-Region erklärt. Erschienen ist es 2012 im Stephan Moll Verlag, ISBN 978-3-940760-37-1.

VIEZFAKTEN

Königinnen & Könige

Weinköniginnen gibt es bekanntlich in fast
jedem Weindorf an Mosel, Saar und Ruwer. Viez-
königinnen dagegen sind eine deutlich seltenere
Spezies – aber es gibt sie.

Im saarländischen Merzig werden beim alljähr-
lichen Viezfest eine Viezkönigin und zwei Viez-
prinzessinnen gekürt. Ähnlich wie bei Wahlen
zur Weinkönigin gibt es in der saarländischen
Viez-Metropole eine Jury. Offiziell gekürt werden
die Damen in der Regel zum Merziger Viezfest
am jeweils ersten Samstag im Oktober.

Seit 2012 wird am Pulvermaar in der Vulkaneifel
in Gillenfeld alljährlich eine Viezkönigin gekrönt,
die sich ebenfalls für die Verbreitung des Apfelweins einsetzt und die Region beispielsweise
schon auf der grünen Woche in Berlin repräsen-
tierte.

Auch der Trierer Stadtteil Kernscheid hatte lange
eine Viezkönigin, die Tradition ist aber wieder
eingeschlafen.

Weinmajestäten gab es auch schon in Fisch bei
Saarburg, einer echten Viezmetropole. Die übrigens an dieser Stelle auch schon für Gleichbe-
rechtigung gesorgt hat: 2004 wurde erstmals ein
Viezkönig gewählt.

Mit diesem Titel schmücken darf sich auch alljährlich ein Teilnehmer des bekannten Viezfestes
im kleinen Dorf Thomm. Dort wird seit 1999
ein Viezfest gefeiert. Dabei spielt aber weniger
Fachwissen für den Titel eine Rolle als vielmehr
tatkräftiges Anpacken. Es gibt Wettbewerbe wie
Viezfassrollen, Kistenstapeln und Apfelbalan-
cieren – und wer sich dabei am geschicktesten
anstellt, bekommt die Viezkönig-Krone.

Viezkönigin der Region Pulvermaar, Julia I.

Das ist drin

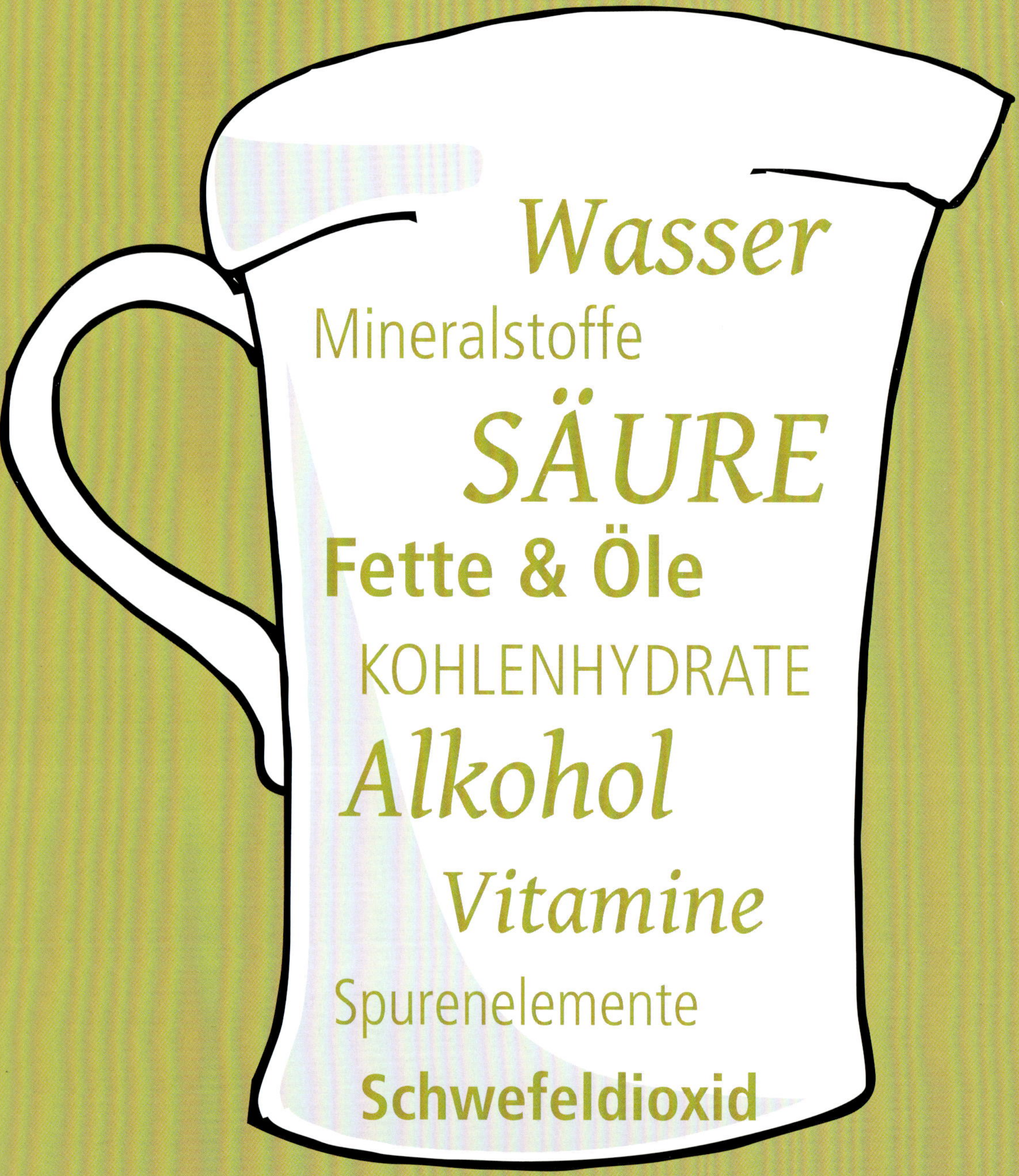

Wasser

Mineralstoffe

SÄURE

Fette & Öle

KOHLENHYDRATE

Alkohol

Vitamine

Spurenelemente

Schwefeldioxid

24

im Viez

Viez ist ein durchgegorener Apfelwein aus regional-typischen Apfel-sorten mit einer den Geschmack prägenden, markanten Säure.

Der entscheidende Schritt bei der Herstellung von Viez ist die Vergärung des aus den Äpfeln gepressten Saftes zu dem alkoholischen Getränk Viez. Dabei wird der im Saft enthaltene Zucker in Alkohol (Ethanol) umgewandelt.

Viez besteht zu rund 70 bis 80 Prozent aus Wasser. Den Rest bilden die Extraktstoffe, die sortenbedingt und je nach Zustand (beispielsweise dem unterschiedlichen Reifegrad) des Obstes schwanken können. Diese Extraktstoffe bestehen unter anderem aus Alkoholen, Mineralstoffen, Aromastoffen, Kohlenhydraten, Säuren (ohne flüchtige Säure), Vitaminen. Diese Extraktstoffe prägen den Geruchs- und Geschmackswert des fertigen Getränkes.

Aromastoffe sind Substanzen, die im Wesentlichen für den Geruch eines Produktes verantwortlich sind. Sie sind sortentypisch und werden zum Teil erst bei der Gärung aus ihrer Verbindung zu Zuckern freigesetzt und damit sensorisch wirksam. Das beste fruchttypische Aroma wird erreicht, wenn die Frucht vollreif ist und den geeigneten Standort hatte.

Mineralstoffe sind anorganische Substanzen, im Wesentlichen Kalium, Calcium, Magnesium, Natrium, Eisen, Chlorid, Phosphat und Sulfat.

Bei den **Säuren** steht beim Viez eindeutig die Äpfelsäure im Vordergrund. Daher auch der chemische Name dieser Säure. Die Äpfelsäure gibt dem Viez den markanten und „spitzen" Säureeindruck beim Genießen. Beim Ausbau des regional-typischen Produktes Viez wird auf die Erhaltung dieser Säure großer Wert gelegt.

Niedrige Äpfelsäuregehalte können unter anderem bei der Gärung zu einem sogenannten biologischen Säureabbau führen, bei dem die Äpfelsäure in Milchsäure umgewandelt wird und ihren markanten und „spitzen" sensorischen Eindruck verliert. Der so erzeugte Apfelwein gewinnt an Fülle, schmeckt aber weniger sauer. Dieser biologische Säureabbau wird bei der Erzeugung von Apfelweinen in den Regionen um Frankfurt und beim schwäbischen „Moscht" praktiziert.

Die Säure bestimmt den Charakter des Viezes. Frühere Generationen bevorzugten die so genannten „harten Knochen" mit einem Säuregehalt von 10 bis 13 Gramm pro Liter. Die gewünschte Säure liegt heute zwischen 5 und 7 Gramm pro Liter.

Essigsäure ist ein wesentlicher Bestandteil der flüchtigen Säure und darf im Viez nur in Spuren enthalten sein, weil sie in höheren Konzentrationen ein Verderbnisindikator ist und den Geschmack negativ beeinflusst. Bei der Auswahl des Obstes, der Gärung und der Lagerung ist peinlich darauf zu achten, dass Essigbakterien keine Chance bekommen, Essigsäure im Viez zu erzeugen.

Fette und Öle spielen beim Obst eine unbedeutende Rolle. Sie kommen auf der Schale als Fett- oder Wachsschicht vor. Für den Ausbau des Viezes und für den Nährwert spielen sie keine Rolle.

Kohlenhydrate sind der Oberbegriff für eine große Stoffgruppe. Für den Viez von Bedeutung sind
- die unverdaulichen Kohlenhydrate: dies sind insbesondere Zellulose und Pektin als wichtiger Bestandteil der Zellwände.
- die verdaulichen Kohlenhydrate: Zucker in Form von Traubenzucker (Glucose) und Fruchtzucker (Fruktose). Diese Zucker werden Monosaccharide genannt.

Auch Saccharose („Rübenzucker") ist als Disaccharid im Obst in Abhängigkeit vom Reifegrad enthalten. Durch die fruchteigenen Enzyme wird diese Saccharose in Glucose und Fruktose gespalten.

In nicht ganz ausgereiftem Obst ist auch noch Stärke (Polysaccharide) enthalten. Diese wird ebenfalls durch fruchteigene Enzyme zu Monosacchariden abgebaut.

Bei der alkoholischen Gärung des Mostes zu Viez werden die Monosaccharide (Zucker) zu Alkohol (Ethanol) umgewandelt. Da der regional-typische Viez vollständig durchgegoren ist, sind die Mengen an Zucker im fertigen Viez vernachlässigbar gering.

Alkohol: Das Hauptprodukt der alkoholischen Gärung ist Ethanol.

Neben dem Ethanol enthält der Viez in geringen Konzentrationen andere Alkohole wie Glycerin, das bei der Gärung gebildet wird, höheren Alkohol als Gärungsnebenprodukt und in Spuren Methanol, das aus dem Pektin der Zellwände herausgelöst wird und kein Gärungsnebenprodukt ist.

Neben diesen Inhaltsstoffen sind im Viez in geringen Konzentrationen noch **Vitamine** und **Spurenelemente** vorhanden, deren Gehalte sehr stark von den Sorten, dem Standort der Obstbäume und dem Reifegrad des Obstes abhängen.

KOMM GIEH dau Bierefuppes!!!

Die Herstellung von Viez wird durch die moderate Zugabe von Schwefeldioxid erleichtert. Eine geringfügige Schwefelung gibt dem Viez einen reintönigeren Geschmack und eine deutlich verlängerte Haltbarkeit.

In der nachfolgenden Tabelle sind die Ergebnisse der Viezanalysen zusammengestellt, die in Jahren 1990 bis 2016 im Labor des Dienstleistungszentrums Ländlicher Raum Mosel (vor 2003 Staatliche Lehr- und Versuchsanstalt Trier) gemacht wurden. Aufgeführt sind die Schwankungsbreiten der einzelnen Inhaltsstoffe. Als Sollwert ist unsere Empfehlung für den Ausbau des Viezes angegeben.

Neben den Schwankungsbreiten und dem Sollwert sind auch die lebensmittelrechtlichen Vorgaben für die einzelnen Inhaltsstoffe aufgeführt.

	Schwankungs-breite	Sollwert	Lebensmittelrechtliche Vorgaben
Ethanol	5,0–8,5 % Vol		mind. 5,0 % Vol (40 g/l)
Zuckerfreier Extrakt	16–32 g/l		mind. 18 g/l
Zucker	0–25 g/l	0–4 g/l	
Gesamtsäure	3–14 g/l	5–7 g/l (möglichst nur Apfelsäure)	mind. 4,0 g/l
Flüchtige Säure	0,0–1,8 g/l	möglichst gering	max. 1,0 g/l
Gesamtschwe-feldioxid	60–200 mg/l	60–80 mg/l	max. 200 mg/l
pH-Wert	2,8–3,5	3,2	
Glycerin	3,5–6,0 g/l	4,5–5,0 g/l	
Kalium	910–1.330 mg/l		
Natrium	5–15 mg/l		
Magnesium	50–80 mg/l		
Calcium	40–120 mg/l		
Relative Dichte	0,9981–1,0046		

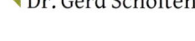 Dr. Gerd Scholten

»*Kann unter die Haut gehen*«

Tattoo: Boris Schormann, Tattoo-Artist, Trier

Der Viez und die Gesundheit

Dem Viez werden viele gesundheitlich positive Eigenschaften nachgesagt. Stimmt das wirklich? Ist Viez so etwas wie eine Arznei? Da lohnt eine genauere Betrachtung.

Bevor ein Vergleich mit dem Traubenwein (Wein) die aktuelle Situation beleuchtet, blicken wir zurück. In ein Kräuterbuch des D. Jakobus Theodorus aus Basel aus dem Jahre 1654, das den heutigen Leser an der einen oder anderen Stelle schmunzeln lässt. Theodorus beschäftigte sich vor mehr als 300 Jahren mit den heilenden Eigenschaften, die Äpfeln und dem Most zugesprochen werden.

»Sie werden zu verschiedenen Zeiten reif, etliche vor Johanni, etliche später bis in den Winter hinein. Sie werden in zwei Geschlechter (Klassen) eingeteilt: etliche sind zahm, etliche wild (Holzäpfel). Sie werden gepflanzt oder auf Stämme gepfropft, auch wilde Äpfel werden durch Pfropfen zahm (mild) gemacht.

Die sauren sind von kalter und irdischer Natur. Die süßen haben ein wenig Wärme bei sich. Die weinechten sind kalt und warm. Die wilden stopfen und ziehen zusammen.

Saure Äpfel sind gut, wenn der Magen durch viel Feuchtigkeit verderbt ist. Die mit weinechtem Geschmack sind des anmutigen Geschmacks wegen gut für den Magen, sie werden bei Fieber im Mund gehalten, selbigen zu erfrischen. Saure Äpfel in Butter gebraten sind gut für Kranke. Wenn man zuviel saure Äpfel roh ißt, stopfen sie den Magen, sind aber harntreibend, verhindern das Würgen und Brechen.

Süße Äpfel erweichen den Leib, sind gut für einen kalten Magen, auch dann, wenn man von giftigen Tieren gebissen wird.

Alle Äpfel haben die Eigenschaft, entgiftend zu wirken, wenn man den Saft mit Safran mischt und trinkt: treibt auch Würmer aus dem Leib. Holzäpfel, besonders der Saft davon, stopfen den Leib.

Ein süßer Apfel unter heißer Asche gebraten und über das Auge gelegt, stillet die Schmerzen und Wehen desselbigen. Man kann ihn auch nach Gelegenheit mit Rosenwasser oder Frauenmilch kochen und wie ein Pflaster überlegen.

Bei dem Seitenstechen tut man in einen süßen Apfel gestoßenen Weihrauch, läßt ihn unter Asche braten und legt ihn auf.

Es wird auch daraus die wohlriechende Salbe – Pomada genannt – gemacht. Von den Äpfeln wird auch ein Sirup zugerichtet auf diese Weise: Nimm den Saft von süßen und sauren Äpfeln, je fünf Untz, die siede mit stetem Säubern, laß danach zwei Tage stehen und wohlgefallen. Nimm davon was sauber ist und tue dazu drei Untz Zucker und siede es ab.

Eine andere Art: Nimm den Saft von der aller wohlschmeckensten und süßesten Äpfel je zwölf Untz. Dann siede bis er geschäumt und sauber wird. Danach tue sechs Untz Zucker dazu und lasse ihn vollends absieden.

Beide stärken das schwachzitternde Herz, bewahren vor Ohnmacht und taugen dem Magen. Sie sind gut wider die Melancholie und das verfinsterte Blut.

Es wird auch ein Lattwerk aus den sauren Äpfeln gemacht – wie die Quitten-Lattwerk –, welche gut ist gegen das hitzige Fieber, löscht den Durst und gut wider die Mattigkeit, stärket das Herz und den Magen (Lattwerk = Sirup).

Aus den Blüten der geimpften Apfelbäume wird auch ein Wasser gebrannt, welches gut ist für die Röte und Ungestalt eines Angesichts. Macht ein schön, klar, lauter Angesicht und zarte Haut! Vertreibt Flecken und Risamen. Morgens und abends etwa drei Wochen lang damit das Angesicht waschen. Man soll aber die Blüten nehmen, wenn sich die Knospen voneinander teilen und auftun. (Und das von sauren Apfelbäumen dienet auch, die Hitze schwarzen, giftigen Hundsblättern zu löschen, daß sie nicht so tief um sich fressen.)«

Äpfeln, so scheint es, wurde vor 300 Jahren eine ganze Menge heilender Wirkungen zugeschrieben.

Die tatsächliche gesundheitliche Bedeutung des Viez ergibt sich am besten durch einen direkten Vergleich mit dem Traubenwein, der mit dem Viez sehr viele Gemeinsamkeiten in der Herstellung hat.

Beginnen wir mit dem Alkohol, der sowohl positive als auch negative Auswirkungen hat. Die anregende Wirkung von Alkohol ist sicherlich unbestritten. Der Alkoholgehalt von Viez ist deutlich geringer als der von Traubenwein. Zu beachten sind beim Genuss von Viez ebenso wie beim Genuss von Wein die von Medizinern empfohlene Obergrenze für den sinnvollen moderaten Alkoholkonsum.

Diese Grenze liegt bei rund 40 Gramm Alkohol am Tag für den Mann und etwas weniger für die Frau. Für den Viezgenießer bedeutet dies: Etwa eine Flasche Viez pro Tag, oder anders ausgedrückt gut zwei Porzen pro Tag wären vertretbar. Der Weingenießer muss mit einem viel kleineren Volumen vorlieb nehmen. So kann der Viezgenießer seinen Viez genießen und gleichzeitig durch die Flüssigkeitsaufnahme den Internisten und den Urologen für sich gewinnen.

Denn die Mineralstoffzusammensetzung des Viezes ist aus ernährungsphysiologischer Sicht sehr positiv. Der

Natriumgehalt ist sehr gering und der Kaliumgehalt sehr hoch.

In dieser Hinsicht hat der Viez ebenso positive Wirkungen wie der Wein, der geringere Alkoholgehalt spricht aber eindeutig für den Viez.

Auch der Gehalt an Schwefeldioxid, der zur Geschmacksoptimierung notwendig ist, liegt beim Viez deutlich unter dem des Traubenweines. Auch dies spricht klar für den Viez.

Der Kaloriengehalt von Viez liegt deutlich unter den Werten von Wein und Sekt, wiederum ein Argument für den Viez. Ein hoher Kaloriengehalt schlägt nicht nur zu Buche, sondern auch zu Bauche: eine Weisheit, die insbesondere Bierliebhaber immer wieder erleben. Im Gegensatz zum Bierbauch ist ein Viezbauch weitgehend unbekannt.

VIEZFAKTEN

Die Kalorien

Ein Viertelliter Viez enthält in der Regel 80 bis 100 Kalorien (kcal). Damit ist der Viez ein vergleichsweise kalorienarmes alkoholisches Getränk. Die gleiche Menge Bier schlägt mit rund 125 Kalorien zu Buche, ein guter Mosel-Weißwein mit 160 bis 170 Kalorien. Wer also auf seine Linie achten muss, ist beim Viez gut aufgehoben!

Die Apfelsäure im Viez hat eine oft wohltuende laxierende Wirkung. Diese kann mitunter sehr spontan eintreten, so dass dem ein oder anderen unerfahrenen Viezgenießer schon manches Missgeschick geschehen ist.

Die Säure und der Gerbstoff verleihen dem Viez manchmal einen adstringierenden Geschmackseindruck. Diese Wirkung ist deutlich sichtbar, wenn dem unerfahrenen Genießer beim Genuss der ersten Porz der zufriedene Gesichtsausdruck schwindet und sich der Mund immer mehr zusammenzieht. Bei der nächsten Porz löst sich automatisch die Verspannung und man bekommt Appetit auf eine kräftige Speise, die zum Viez passt.

An dieser Stelle sollen aber nicht die Getränke Viez, Wein und Bier gegeneinander gestellt werden. Wichtig für die Entscheidung für das eine und gegen das andere Getränk ist immer die persönliche Bevorzugung des jeweiligen Aromas. Für jedes der drei genannten Getränke gibt es Liebhaber, und viele machen den Genuss auch von der Situation und der Stimmungslage abhängig.

◥ Dr. Gerd Scholten

Lebensmittelrecht
Das darf rein in den Viez

Die rechtliche Beurteilung des Getränkes Apfelwein (Viez) gründete sich früher auf das alte Weingesetz von 1930. Darin ist unter anderem der Verschnitt von Apfelwein und Wein (also dem Traubenwein) verboten. Weinähnliche Getränke dürfen nur in solchen Wortverbindungen bezeichnet werden, welche die Stoffe kennzeichnen, aus denen sie hergestellt werden. Die Bezeichnung „Viez" ist dementsprechend eigentlich keine korrekte Verkehrsbezeichnung. Lebensmittelrechtlich ist die korrekte und zwingend vorgeschriebene Verkehrsbezeichnung, die auf dem Etikett einer Flasche anzugeben ist, Apfelwein, möglicherweise mit dem Zusatz „Viez". Diese Regelung hat auch heute noch Bestand.

Seit 1998 sind die lebensmittelrechtlichen Vorgaben für Apfelwein (Viez) in der Verordnung über bestimmte alkoholhaltige Getränke (AGeV) und in der Fruchtsaft-Verordnung enthalten. Darüberhinaus sind die allgemeinen Regelungen des Lebensmittelrechts zu beachten, zum Beispiel die Zusatzstoff-Zulassungs-Verordnung.

Weitere Regelungen sind in den Leitsätzen für Fruchtweine des Deutschen Lebensmittelbuches und in den RSK-Werten (Richtlinien und Schwankungsbreiten bestimmter Kennzahlen) enthalten.

Die Kennzeichnungsvorschriften für Apfelwein entsprechen denen anderer Lebensmittel, ausgenommen sind die Zutatenliste (Ausnahme: Kennzeichnung allergener Zusatzstoffe wie Schwefeldioxid) und das Mindesthaltbarkeitsdatum.

Folgende Zusatzstoffe sind für die Herstellung von Viez zugelassen:

- Hefe
- Ammoniumchlorid, Ammoniumcarbonat, Diammoniumphosphat, Ammoniumsulfat bis 30 g/hl, Heferindenzubereitungen bis 40 g/hl
- Thiaminhydrochlorid bis 60 mg/hl
- Pektin bis 3 g/l
- Schwefeldioxid (SO_2) bis 200 mg/l
- Sorbinsäure bis 200 mg/l
- Äpfelsäure, Milchsäure und/oder Citronensäure bis insgesamt 3 g/l
- Zuckerkulör zur Farbkorrektur
- Klärungs- und Schönungsmittel: Gelatine, Kasein, Bentonit, Aktivkohle, Kieselsäure, Filterhilfsstoffe, PVPP
- Zucker bis 55 Grad Oechsle
- Speierling, Quitte, Eberesche

Rein in den Viez darf also theoretisch eine ganze Menge an Zusatzstoffen. Zu empfehlen sind sie aber nicht – und bei den meisten Produzenten kommen bei der Viezherstellung auch lediglich Hefe (zur Einleitung der Gärung) und Schwefeldioxid (zur Geschmacksstabilisierung und Verbesserung der Haltbarkeit) in den Viez.

◣ Dr. Gerd Scholten

DER HERR
DER PORZEN

*Was dem Frankfurter sein Geripptes
und dem Bretonen seine Bolée, das
ist dem Trierer seine Porz.*

Zu erkennen sind Pleins Porzen am im Boden eingepräg-
ten „GPS"-Emblem, das für „Gebr. Plein, Speicher" steht.

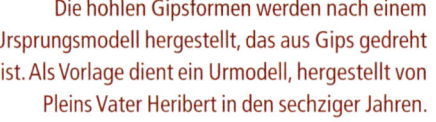

Die hohlen Gipsformen werden nach einem
Ursprungsmodell hergestellt, das aus Gips gedreht
ist. Als Vorlage dient ein Urmodell, hergestellt von
Pleins Vater Heribert in den sechziger Jahren.

Viez und Porz gehören untrennbar zusammen, so wie Korscht un Kneisjen. Das Trinkgefäß ist so einzigartig wie sein Inhalt. So sehr gehören Viez und Porz zusammen, dass der Trierer das Gefäß als Synonym für den Inhalt gebraucht: Trinkt er einen Viez, holt er eine „Poarz" oder ein „Peerzi". Der Ursprung des Namens ist unklar, vielleicht leitet sich Porz ab von Porzellan, vielleicht auch von Portio, das lässt sich mangels Quellen nicht nachweisen. Genauso unklar ist das Alter des weißen Henkelbechers, mit dem sich schon Gerichte beschäftig haben.

Klar ist nur: Wer als Vieztrinker etwas auf sich hält, trinkt seinen Viez aus der Porz und nur im äußersten Notfall aus einem Humpen oder gar einem ordinären Glas. Klar ist auch: Hergestellt werden die weißen Trinkgefäße heute in der Regel im rund 20 Kilometer nördlich von Trier gelegenen Eifelort Speicher. Wo schon seit römischer Zeit Töpferwaren und Kunstkeramik hergestellt werden, produziert Walter Plein mit seiner Firma „Kunstkeramische Werkstätten Gebrüder Plein" seine Viezporzen. Seit rund einem halben Jahrhundert ist de-

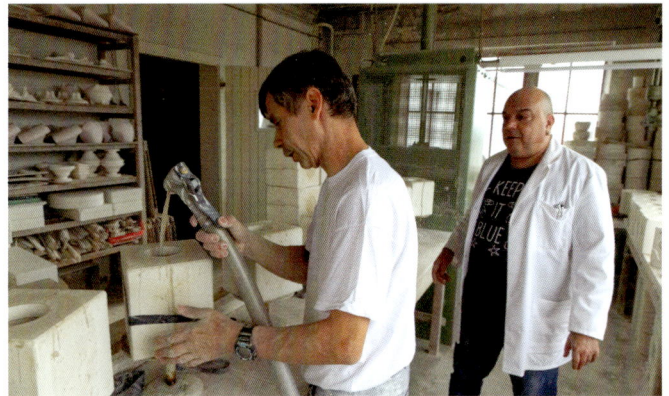

Flüssige Porzellanmasse wird mit einer Gießpistole in hohle Gipsformen gegossen.

ren Form unverändert nach der Modellzeichnung von Walters Vater Heribert, das klassische Gebrauchsdesign der Porzen sind in Trier und der Region Tradition und Alltagskultur geworden.

Plein, Keramik- und Töpfermeister, führt den seit 1880 bestehenden Betrieb seit 2000 in vierter Generation. Sein Töpferhandwerk, eines der ältesten der Welt, hat er von der Pike auf erlernt. Walter Plein ist Keramik- und Töpfermeister und besuchte die Staatliche Fachschule für Keramik in Landshut. Plein weiß, worauf es bei der Herstellung der Viezporzen ankommt. Heute ist Plein in Speicher der Letzte seines Standes.

Wichtig ist zunächst einmal der Rohstoff, der ganz am Anfang der Viez-

porz-Produktion steht. Und der ist sehr hochwertig. Des Trierers liebstes Trinkgefäß besteht, wenn es in Speicher hergestellt wurde, immer aus Porzellan, einem „feinkeramischen Erzeugnis", wie Walter Plein erklärt. Das Porzellan besteht aus Kaolin, benannt nach dem chinesischen Ort Gaolin, manchmal wird das Kaolin auch Porzellanerde oder Porzellanton genannt, Feldspat, einem sehr häufig vorkommenden Mineral und aus Quarz. Die Mischung für sein Hartporzellan bezieht Plein säckeweise von einem renommierten Porzellanmasse-Hersteller aus Oberfranken. Unscheinbar sieht der Rohstoff aus, ein feines, weißes Pulver. Diese Mischung wird in einem großen Rührbottich mit Wasser und Masseverflüssigern angerührt, so entsteht

die flüssige Porzellanmasse, der so genannte „Schlicker". Diese flüssige Masse wird anschließend in der Gießanlage in hohle Formen eingegossen. Mit einer Gießpistole, die an einem Schlauch und einer Rohrleitung mit dem Rührbottich verbunden ist, füllt der Töpfermeister an einer Gussbank Form um Form mit dem Schlicker.

Erste Erkenntnis für den Laien: Porzen werden nicht auf einer Töpferscheibe gedreht oder industriell gepresst, Porzen werden gegossen. Das macht ihre Herstellung aufwändig und damit auch teuer. „Gießen ist eine handwerklich anspruchsvolle Art der Porzellanherstellung", erklärt Plein, „für diese Art der Herstellung braucht man viel Erfahrung."

Die hohlen Gipsformen werden anhand des Ursprungsmodells hergestellt, das aus Gips gedreht ist. Als Vorlage dient das Urmodell, hergestellt von Pleins Vater Heribert in den sechziger Jahren und seither unverändert. Die viereckigen Gussformen bestehen aus zwei Hälften – so können sie später auseinandergenommen werden, um nach einer gewissen Standzeit die rohe Viezporz entnehmen zu können. Unten am Boden ist das Firmenkürzel angebracht. Jede in Speicher produzierte Viezporz kann man so leicht erkennen. Im Boden sind die Buchstaben „GPS" zu erkennen oder zu erfühlen.

Sobald die flüssige Porzellanmasse eingefüllt ist, beginnt der Gips der Gussform der Masse Flüssigkeit zu entziehen – sie wird allmählich fest, „Scher-

Die noch rohe Porz, bevor ihre Oberfläche mit einem feuchten Schwamm geglättet ist und der Rand auf der Drehscheibe zu einem Trinkrand beigedreht wird.

Unten der Gipsrohling, aus dem die Gussformen hergestellt werden.

»Gießen ist eine handwerklich anspruchsvolle Art der Porzellanherstellung«

Bei den einige Tage getrockneten Rohporzen werden die noch sichtbaren
Gießnähte mit einem Messer retu-
schiert und dann die Oberfläche mit
einem feuchten Schwamm geglättet.
Dann wird der noch viel zu hohe Rand
der Porz auf der Drehscheibe zu einem
Trinkrand geformt. Jetzt sieht die Rohporz schon aus wie eine richtige Porz.

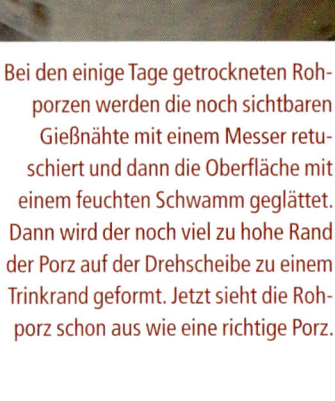

benbildung" nennt das der Fachmann. Nach einer gewissen Standzeit und der gewünschten „Scherbenbildung" wird die restliche flüssige Masse ausgegossen. Nach einer gewissen Standzeit nimmt dann Plein die neugeborene Porz aus ihrer schützenden Form. Auf große Bleche gesetzt, kann man jetzt schon klar den späteren Verwendungszweck und das klassische Design erkennen. Noch sehen die Gefäße aber unfertig aus, haben noch einen viel zu hohen Rand, haben nicht den typischen Glanz einer Porz, sondern sind mattweiß, und durch die beiden Hälften der Gussform haben sie noch eine hässliche Naht in der Mitte. Für den Meister viel wichtiger als das ungeschliffene Aussehen: Die neugeborenen Porzen sind noch wachsweich. „Ich behandele jede einzelne wie ein rohes Ei", sagt Meister Plein. So viel Vorsicht ist auch angebracht. Der geringste Stoß, ein kleiner Druck mit dem Finger, eine Unachtsamkeit, und die Viezporz ist unbrauchbar.

Bis aus den noch weichen, rohen Gebilden jene Trinkgefäße werden, die für ihre Haltbarkeit bekannt sind, fehlen noch einige Arbeitsschritte. Zunächst müssen die aus der Gussform entnommenen Rohporzen einige Tage trocknen. Dann werden die noch sichtbaren Gießnähte mit einem Messer entfernt, so dass sie nicht mehr erkennbar sind. „Retuschieren" nennt der Fachmann diesen Schritt. Anschließend wird die Rohporz „verschwammt", die Oberfläche wird mit einem feuchten Schwamm geglättet. „Das passiert alles in Handar-

beit", erklärt Plein. Im Anschluss wird der noch unförmige Rand der Porz auf der Drehscheibe zu einem Trinkrand geformt, „beigedreht", nennt Meister Plein diesen Arbeitsschritt. Jetzt sieht die Rohporz schon aus wie eine richtige Porz, nur dem aufmerksamen Beobachter fällt auf, dass ihr noch der typische Glanz fehlt. Und benutzen kann man sie noch nicht. Dazu fehlen noch weitere, wichtige Arbeitsschritte.

Die gegossenen, getrockneten, retuschierten, verschwammten und beigedrehten Rohporzen kommen in den riesigen, elektrischen Brennofen der Firma Plein. Hier werden die Porzellangefäße jetzt vorgebrannt – 12 Stunden bei 900 Grad lassen die Porzen hart werden, „Scherbenhärtung durch Glühbrand" nennt das der Experte.

Doch fertig sind die traditionellen Trinkgefäße noch immer nicht. „Der Glühbrand führt nicht nur zur Scherbenhärtung, er lässt den Scherben auch saugfähiger werden", erklärt Walter Plein, während er die gebrannten Porzen mit Druckluft von jeglichem Staub oder lose anhaftenden Teilchen befreit. Saugfähigkeit und absolute Sauberkeit sind grundlegende Voraussetzungen für den

Im Brennofen werden die Porzen 12 Stunden bei 900 Grad vorgebrannt. „Scherbenhärtung durch Glühbrand" nennt das Meister Plein.

jetzt folgenden Arbeitsschritt bei der Porzenherstellung: Die gebrannten Gefäße werden in ein Glasurbad getaucht und anschließend „glattgebrannt" – bei 1.330 Grad für 14 bis 16 Stunden im so genannten Herdwagenofen. Dadurch erhalten die Porzen ihre glasartige, geschlossene Oberfläche – wichtig für die Haltbarkeit und die Ästhetik des Produkts. „Durch diese aufwändige Behandlung und die hochwertigen Materialien sind unsere Porzen sehr haltbar und natürlich auch spülmaschinenfest", betont Plein.

Eigentlich ist die Porz jetzt fertig, um sie mit Viez zu befüllen, der trotz seiner Säure der veredelten Oberfläche nichts anhaben kann. Wünscht der Kunde für seine Porzen aber noch ein Dekorbild oder ein Logo, wird dieses im Anschluss aufgetragen und dann noch einmal bei 900 Grad im Brennofen eingebrannt.

Meister Plein kontrolliert nach dem Abkühlen anschließend noch jede Porz per Hand, ob sie einwandfrei ist – dann geht die Speicherer Porz zum Kunden, reinweiß, aus bestem Porzellan gebrannt und in hochwertiger Handarbeit hergestellt.

◤ Ernst Mettlach

Feerdisch!

VIEZFAKTEN

Warum die Porz Porz heißt

Die Porz heißt Porz, weil sie aus Porzellan ist. Klingt nach einer plausiblen Erklärung. Ist aber ähnlich wie beim Viez und dem Vize-Wein wohl falsch (siehe dazu Faex, faeces oder potio: Woher der Name Viez kommt, Seite 18). „Porz" komme vielmehr vom lateinischen portio, sagen Sprachwissenschaftler wie Stefan Barme*. Das auch in unserer heutigen „Portion" erhaltene Wort bedeutet „abgemessener Teil, Anteil". Diese Bedeutung hat sich also auf das Getränkebehältnis übertragen. Abgemessener Anteil wird zur Bezeichnung für das Gefäß – mit dieser Entwicklung hat die Porz eine recht berühmte Verwandtschaft, denn das gleiche Schema kennt man von dem bayerischen Bierglas schlechthin: Der Maß.

* Quelle hier ist sein Buch „Nacktarsch, Viez und Ledertanga. Ausflüge in die Kulturgeschichte des Mosellandes." Erschienen ist es 2012 im Stephan Moll Verlag, ISBN 978-3-940 760-37-1.

LEBENSUNTERHALT
VIEZ

Bei vielen Winzern oder Landwirten wird Viez produziert, weil Äpfel ohnehin da sind: auf den eigenen Streuobstwiesen. Viez ist ein Nebenerwerb. Es gibt nicht viele Menschen, die den Viez tatsächlich zu ihrem Lebensinhalt gemacht haben. Einer von ihnen ist Andreas Scherf. In der Scherfsmühle, einem Familienbetrieb, den es seit 1921 gibt, produziert er in dritter Generation den regionalen Apfelwein. Er lebt vom Viez und für den Viez, und das aus tiefster Überzeugung, wie er in unserem Interview erzählt.

Andreas, warum hast du dich dafür entschieden, allein auf Viez zu setzen?
Zum einen, weil ich bei meinen Eltern erlebt habe, wie arbeitsintensiv deren Leben war. Sie haben parallel Wein angebaut und Viez produziert. Ich habe gesehen – das sage ich ohne die geringste Kritik – wie wenig Zeit sie für uns Kinder hatten. Sie waren sehr gefordert und haben gemeinsam einen bemerkenswerten Betrieb auf die Beine gestellt. Ich habe zwei Kinder und wollte, dass das Berufliche und das Private mehr im Einklang steht. Zum anderen, Viez war mein Ding, mein Produkt. Es gab da für mich einen sehr emotionalen Moment. Ein Gespräch mit meinem Vater, in dem er signalisiert hat, dass er den Betrieb gerne an mich übergäbe. Ich habe ihm damals gesagt, dass ich das gerne machen würde, aber lieber nur Viez produzieren möchte. Das war damals nicht leicht für meinen Vater. Er ist ein paar Tage in sich gegangen und hat dann gesagt: Andreas, ich guck mir das jetzt ein Jahr lang an, und wenn du mir zeigst, dass du in der Lage bist, das Produkt so nach vorne zu bringen, dass du davon leben und deine Familie ernähren kannst, dann hast du meinen Segen. Für sein damaliges Wohlwollen und Vertrauen bin ich ihm auch heute noch unglaublich dankbar. Ich habe mich dann reingehängt und nach einem Jahr hat er gesehen, es funktioniert. Da war er dann auch stolz auf mich.

Und, wie lebt es sich allein vom Viez?
Es lebt sich gut davon. Auch deswegen, weil auch heute trotz Digitalisierung und Schnelllebigkeit immer noch die Mund-zu-Mund-Propaganda am besten funktioniert. Sowohl zwischen Wirten, die durch Kollegengespräche auf unseren Viez aufmerksam werden, als auch durch ganz normale Kunden, die ein regionales Produkt vor der eigenen Türe zu schätzen wissen. Ich bin stolz darauf, dass wir unseren Lebensunterhalt ausschließlich mit diesem Produkt bestreiten.

Andere Viezproduzenten haben eigene Apfelplantagen, machen Säfte und Schnaps, haben Gastronomie – kommt das alles für dich nicht in Frage?

Ich bin lieber der Lieferant der Gastronomie und habe sehr viel Respekt vor der Arbeit der Gastronome, weil ich sehe, wie viel Zeit und Energie die Wirte reinstecken. Ich möchte mich auf mein Produkt konzentrieren. Gastgeber sind wir mit unseren Ferienwohnungen dann im Kleinen. Da ergeben sich sympathische Kontakte, natürlich auch mit Vieznovizen, die sehr interessiert sind. Ich bin viel und gerne im Kontakt mit Gastronomen, aber ich möchte selber keiner sein.

Ist Viez ein Wachstumsmarkt?

Ich denke schon. Weil der Viez aus seinem Nischendasein – was ihm nach meinem Gefühl auch lange etwas künstlich übergestülpt wurde – herauskommt.

Viez erreicht mittlerweile die Menschen von jung bis ins Seniorenalter. Das Produkt ist angekommen, weil viele erkennen, dass da etwas sehr Interessantes vor der eigenen Haustür produziert wird.

Damit sind wir beim Image: Hast du in den letzten Jahren Veränderungen beim Thema Viez in der Öffentlichkeit wahrgenommen?

Ja. Der Viez hat mittlerweile ein sehr positives Image. Woran ich seit Jahren arbeite, ist, das Image auch preislich in eine Wertigkeit zu überführen, die bei den Leuten ankommt. Ich finde es zum Beispiel ziemlich verrückt, wenn der Gast in die Gastronomie geht und dort für 0,4 Liter Coca-Cola ohne mit der Wimper zu zucken 2,50 bis 2,90 Euro bezahlt. Dafür hat er in seinem Glas ein Produkt aus Wasser, Zucker, Kohlensäure, Coffein, einem Farbstoff und einem Faktor X. Ich denke, da ist für ein handgemachtes Produkt wie Viez, das zu 100 Prozent aus Apfel besteht, preislich noch Luft nach oben. Natürlich nicht nur beim Gastronomen, sondern vor allem auch beim Viez-Produzenten.

Was macht einen guten Viez aus: für dich als Vieztrinker – und für dich als Viezproduzenten?

Ein guter Viez hat ein schönes Säure-Frucht-Verhältnis. Ich persönlich habe keinen Spaß an einem Viez, bei dem die Säure alles andere übertönt. Der Apfel muss noch präsent sein, der Viez reintönig. In der Nase muss es sehr klar und frisch sein, da darf kein störender

Ton sein. Ich freue mich immer, wenn ich die Rückmeldung von Kunden bekomme: „Ihren Viez muss ich ja gar nicht verdünnen oder mischen." Es gibt Vieze, die nur genossen werden können, weil sie mit Mineralwasser, Limo oder Cola gepimpt werden. Damit lässt sich viel verstecken.

Bei der Säure sind wir auch beim Thema Viez-Novizen. Die verziehen ja beim ersten Kontakt meistens erst mal den Mund. Wie schafft man es, sie vom Viez zu überzeugen?
Ich glaube, beim Viez gibt es fast nur Ja- oder Nein-Menschen, was das Produkt auch interessant macht. Es gibt einfach Leute, für die wird sich der Viez nicht erschließen. Meine Empfehlung wäre, sich erst einmal einzutrinken. Ein Schluck bringt keine Erkenntnis. Der Viez muss erst einmal auf der Zunge ankommen, im Abgang muss man die Frucht wahrnehmen können, nicht nur Säure. Der Zugang fällt Menschen, die ein Faible für trockenen Wein haben, sehr viel leichter als denen, die gerne Wein mit viel Restsüße trinken.

Wie sehr bestimmt der Wettergott über die Kassenlage?
Früher habe ich immer mit den Augen gerollt, wenn das Wetter so ein großes Thema bei den alten Leuten war. Früher lebten aber auch viel mehr Menschen vom Wein oder der Landwirtschaft. Mittlerweile weiß ich, dass es für Menschen, die von der Landwirtschaft leben, auch heute noch ein sehr großes

Thema ist. Für uns somit natürlich auch. Schmerzlich erlebt haben wir das beispielsweise 2017, als die Blüte erfroren ist. Der Preis beim Einkauf schoss dann nach oben. Ohnehin ist der Obstpreis jedes Jahr, wie an der Börse, ein anderer. Mutter Natur macht die Regeln. Man verfolgt das sehr genau, wie das Wetter bei der Blüte ist. Wir sind sehr stark abhängig vom Wetter.

»Es war der richtige Weg. Ich mag sehr, was ich tue, und ich glaube, dass sich das auf die Leute überträgt.«

Stichwort Einkauf: Allein regional kannst du deinen Viez gar nicht produzieren. Woran liegt das?

Ich bin Fan von regionalen Produkten. Kurze Wege, regionale Produzenten – das finde ich toll. Die Äpfel aus dem Ruwertal decken den tatsächlichen Bedarf nicht ab. Wir müssen Obst aus der Großregion dazukaufen. Früher standen die Bauern mit Hängern voller Äpfel hier Schlange. Heute bekommen wir weniger Obst aus direkter Nachbarschaft. Es gibt natürlich immer noch Landwirte oder Privatleute, die uns Viezobst bringen, jedoch nicht mehr in den erforderlichen Mengen.

Du bist ziemlich aktiv im Internet: Kann man Viez tatsächlich über Facebook vermarkten?

Gute Frage, aber schwer zu beantworten. Ich habe nur einen ungefähren Eindruck davon, wie das funktioniert. Neulich auf einer Veranstaltung kam jemand auf mich zu, den ich nie vorher gesehen hatte. Der sagte: „Herr Scherf. Ich finde ihr Produkt super. Sie haben so eine authentische Art und so eine sympathische Facebook-Präsenz." Das funktioniert also manchmal. Ich habe aber das Gefühl, dass das viel öfter noch über die Gastronomie funktioniert. Menschen trinken unseren Viez, fragen den Wirt, wo der herkommt und kommen zu uns. Das finde ich sehr schön. Ein bisschen ist das ja so etwas wie der Applaus für das, was man produziert.

Du fährst mit deinem Bus als „Viezmobil" durch die Gegend. Funktioniert das tatsächlich? Wirst du spontan angefordert?

Das Viezmobil ist aus einer Viezlaune heraus entstanden. Ich habe das aber total unterschätzt. Die Leute mögen es anscheinend, reagieren recht häufig, wenn ich auf Liefertour nach Trier unterwegs bin. Es kommt vor, dass Leute lächeln oder winken, weil sie das scheinbar sympathisch finden. Mir macht es Spaß, das Thema Viez auf möglichst originelle Art zu präsentieren. Auf unserer Website gibt es tatsächlich eine Rubrik, die sich ArtiVIEZiell nennt, da kann man sich eine Auswahl anschauen.

Tauschst du Erfahrungen mit anderen Produzenten aus?

Eher seltener. Vielleicht mal beim Viezfest. Das Austauschen findet in der Familie, mit Freunden oder langjährigen Kunden statt. Es gibt einen bestimmten Markt in Trier und Umgebung. Beim Viez ist es wie in jedem anderen Gewerbe, da gibt es durchaus Konkurrenz. Oder besser: Mitbewerber. Und letztlich versucht man, ein gutes Produkt herzustellen, seinen Kundenstamm zu halten beziehungsweise neue Kunden für seinen Viez zu begeistern.

Man hat den Eindruck, die Viezproduzenten sind im Vergleich zu anderen Regionen noch vergleichsweise konservativ. Es gibt Viez aus dem Fass, dem Beutel oder der Flasche – aber aus der Büchse beispielsweise noch nicht. In Frankreich hat mancher Cidre-Bauer einen trockenen, einen lieblichen, ein halbtrockenen und oft noch einen Prosecco aus Äpfeln. Warum gibt es das noch nicht beim Viez. Sind die Produzenten zu konservativ oder die Konsumenten?

Wahrscheinlich beides. Der Konsument ist zumindest in weiten Teilen Fan vom gezapften Viez aus der Porz. Pur oder in den klassischen Mischungen. Grundsätzlich freue mich über jeden, der Viez egal in welcher Form konsumiert. Auch Viez-Cola. Für mich als Hersteller und Viezliebhaber geht diese Variante allerdings gar nicht, weil Cola dem Viez so einen starken Stempel aufdrückt – im Gegensatz zu Viez-Limo oder Viezsprudel – so dass das eigene Produkt gar nicht mehr rauskommt. Natürlich vollkommen in Ordnung für die Fans dieser Variante.

Man schaut schon interessiert, was sich auf dem Markt an Geschmacks- und Verpackungsinnovationen tut. Viez aus der Büchse möchte ich aus Gründen der Nachhaltigkeit und Restmüllreduzierung nicht anbieten. Auf neue Geschmacksvarianten können sich die Gäste des Olewiger Weinfestes freuen. Basis bleibt unsere „Hausmarke." Ansonsten halten wir die Augen offen und sind für Überraschungen gut.

Wie ist deine Einschätzung: Ist Viez ein Männer oder Frauengetränk?
Es ist eine total schöne Entwicklung: Vielleicht ist Viez noch einen Tick mehr Männergetränk, aber die Frauen ziehen stark nach. Das ist toll.

Ein Leben für den Viez und vom Viez – würdest du die Entscheidung, allein auf den Viez zu setzen, nochmal so treffen?
Ja, ein klares Ja. Weil sich gezeigt hat: Es war der richtige Weg. Ich mag sehr, was ich tue, und ich glaube, dass sich das auf die Leute überträgt.

◥Interview: Michael Schmitz

VIEZTRINKER MIT *Oberlippenbart*

„Trier ist nicht Barcelona" – so krachte es 2019 plötzlich aus YouTube in die Welt. Franco Piccolini und Luigi Ferrari (Kunstnamen, ihre wahre Identität geben sie nicht preis) wurden mit dem Song zumindest in der Region Trier und zumindest bei allen Menschen unter 25 ziemlich schnell ziemlich bekannt. Eine ganze Reihe weiterer Songs wurden von den Oberlippenbartträgern produziert, zwischen Malle-Schlager und Mitgröl-Hymne.
Und 2020 steht plötzlich „Franco-Viez" in Trierer Supermarkt-Regalen: Viez pur und diverse Misch-Varianten, mit coolem Design genau auf die junge Zielgruppe zugeschnitten. Der beste Beweis, dass Viez längst kein Alte-Leute-Getränk mehr ist.
Darüber haben wir mit „Franco" gesprochen.

Franco, du gehörst ja zu den eher jüngeren Trierer Promis. Jetzt hast du sogar eine eigene Viez-Reihe an den Start gebracht. Warum Viez?

In unserem ersten Song „Trier ist nicht Barcelona" geht es selbstverständlich auch um Viez. Wenn man ein Liebeslied an unsere Stadt schreiben will, kommt man am Viez nicht vorbei.

Tatsächlich war auch genau dieses Lied die Inspiration für uns, einen eigenen Viez an den Start zu bringen. Da sich besonders junge Leute in Trier für unsere Musik begeistern können, wollten wir einen Viez rausbringen, der auch das jüngere Publikum anspricht und gleichzeitig regional mit viel Liebe produziert wurde. Wenn man sich mal umschaut, gibt es da nicht so viel Vergleichbares.

Mittlerweile bekommen wir auch von vielen Leuten außerhalb von Trier sehr positives Feedback. Häufig sagen sie, dass sie bisher noch nie in ihrem Leben Viez probiert haben und erst durch unsere Videos und Songs auf das Getränk aufmerksam wurden. Für uns ist so was natürlich eine große Freude.

Lange galt Viez ja eher als „Arme-Leute-Getränk", war nicht gerade angesagt. Würdest du sagen, dass Viez heute wieder cool ist?

Also in unserer Generation sieht man das glaube ich nicht mehr so. Ich persönlich hab das auch nie so gesehen, sondern habe Viez von Anfang an mit Heimat und guter Stimmung verknüpft, nicht mit sozialem Status.

Aber ich habe schon das Gefühl, dass Viez gerade vor allem bei der jüngeren Generation ein Comeback erlebt. Das liegt bestimmt auch an den „Großen" beim Apfelwein wie Bembel & Co. Aber dadurch, dass wieder mehr Viez auf Partys getrunken wird, kommen natürlich auch mehr Leute auf den Geschmack und schauen sich vielleicht mal nach einem Viez um, der noch besser zu ihnen passen könnte.

Euer Viez kommt ja vom Bohrshof. Welche Aufgabe übernehmt ihr denn dabei: Äpfel pflücken? Keltern? Oder nur trinken?

Wir sind am kompletten Produktionsprozess beteiligt. Bei unserem Freund Alexander Bohr in Welschbillig wird un-

FRANCO VIEZ

DAT KNUPPT!

ser Viez mit viel Liebe und in mühsamer Handarbeit gekeltert und dann bei Alex Benzmüller in Mülheim an der Mosel abgefüllt. Wir hatten dabei jede Flasche selber in der Hand und haben sie am Ende sogar fein säuberlich mit Etikett nach außen in die Kisten sortiert.

Ansonsten kümmern wir uns natürlich weiterhin um das, was wir am besten können, und das ist Musik machen. Dabei wird es natürlich auch weiter öfter mal mal um unseren Viez gehen.

Selbstverständlich kommt auch das Trinken nicht zu kurz.

Euer Viez ist ja in Flaschen, aber in Trier wird Viez ja eigentlich am liebsten aus der Porz genossen. Kann man mit Oberlippenbart eigentlich auch aus Porzen trinken?

Das funktioniert tatsächlich sehr gut! Da ist ein Bier mit Schaumkrone die deutlich schlechtere Wahl. Am besten schmeckt Viez aus Porzen, das ist klar, dicht gefolgt von einer eiskalten Flasche. Weit dahinter kommen dann die Dosen.

◥ Interview: Michael Schmitz

VIEZFAKTEN

Der Gedenktag

Apfelwein – und dazu gehört bekanntlich auch der Viez – hat mittlerweile sogar einen Gedenktag. Und weil es Apfelweine nicht nur in Deutschland gibt, sondern auch in anderen Teilen der Welt (siehe Seite 61), wurde der entsprechende Tag sogar gleich als „Welt-Apfelwein-Tag" bekannt gemacht. 2013 war das, und die Initiative ging vom Verband der Hessischen Apfelwein- und Fruchtsaft-Keltereien e.V. aus.

Gefeiert wird der Welt-Apfelwein-Tag alljährlich am 3. Juni. Ziel der Initiatoren ist, Aufmerksamkeit zu schaffen für die Vielfalt und die Besonderheiten von Apfelwein. Der Tag solle „Lust darauf machen, sich über Apfelwein und seine Bedeutung für den Naturschutz zu informieren, und ein Feiertag für Apfelweinbegeisterte sein", heißt es auf der Internetseite www.weltapfelweintag.de.
Neben der Internetseite wird von den Initiatoren auch eine Facebook-Seite gepflegt www.facebook.com/Welt.Apfelwein.Tag. Darüber soll sich über vielfältige Aktionen zum Apfelwein ausgetauscht werden. Die Hessen, für die der Äppelwoi ja eine Art Nationalgetränk ist, organisieren zu diesem Tag beispielsweise Führungen durch die Keltereien, kostenfreie Verkostungen von Apfelweinsorten und neuen Produkten, 2 für 1 Angebote in Apfelweinwirtschaften oder im Getränkemarkt oder Treffen von Hobby-Kelterern.

◥ Michael Schmitz

VIEZ IT YOURSELF

So macht man eigenen Viez

Viez wird in immer mehr Kneipen und Restaurants angeboten. Zunehmend stehen auch in Supermärkten die Flaschen oder Bag-in-Bottle-Angebote von regionalen Viezproduzenten. Sich guten Viez zu besorgen, ist also ganz einfach.

Noch einfacher geht das aber, wenn man den eigenen Viez im Keller stehen hat. Ihn zu produzieren, ist gar nicht so schwer.

Fass, Gärspund und Zapfhahn

Die Ausrüstung | Die Erstausstattung zur Eigenproduktion von Viez ist gar nicht so teuer. Denn man braucht im Wesentlichen nur ein Fass und den richtigen Deckel sowie – später fürs Abfüllen – Bag-in-Box-Beutel.

Ein 30-Liter-Fass ist für den Anfang gut geeignet. Der Vorteil ist, dass man ein 30-Liter-Fass im Auto gut transportiert bekommt und mit ein wenig Muskelkraft auch noch hin- und hertragen kann. Bei allen größeren Fässern wird das schon schwieriger.

Angeboten werden solche Fässer unter dem Namen Most- oder Saftfass in Bau- oder Gartenmärkten. Natürlich gibt es die Fässer auch im Internet – allerdings kann man dann, im Gegensatz zum lokalen Handel, das Fass vorher nicht richtig unter die Lupe nehmen.

Wichtig ist vor allem, dass Zapfhahn und Deckel es dicht abschließen.

Zum Fass passend gehört ein Gärspund und ein Stopfen. Der Gärspund ist ein Aufsatz, der bei der stürmischen Gärung dafür sorgt, dass das entstehende Gas aus dem Fass herauskann, ohne dass Sauerstoff von außen ins Fass hineinkommt.

Wichtig ist bei der Viezproduktion vor allem Sauberkeit: Wer ein gebrauchtes Fass benutzt oder sein Fass im nächsten Jahr wiederverwendet, sollte es immer direkt nach Gebrauch ausgiebig reinigen. Gleiches gilt auch für den Zapfhahn. Denn Saft oder Apfelreste vom Vorjahr im Fass können den Geschmack beeinflussen oder sogar die Gärung beeinträchtigen.

Die Äpfel | Gerade auf dem Land in der Eifel, an der Mosel oder im Hunsrück und im Saargau haben viele Menschen noch ihren eigenen Garten und darin auch Obstbäume. Wer eigene Äpfel hat, für den kann die Viezproduktion ein besonderes Vergnügen sein, denn er kann ein gänzlich naturbelassenes Produkt erzeugen, dessen Produktionskette er vom Anfang bis zum Ende in der Hand hat. Also von der Apfelernte bis zum Viezgenuss aus der Porz. Was man also zunächst mal braucht, sind Äpfel. Idealerweise eine Sorte, die sich für die Viezproduktion besonders eignet (siehe Kapitel: Kein Viez ohne Apfel – Sortenkunde). Auch mit süßeren Äpfeln oder mit einer Mischung verschiedener Sorten kann der Viez gelingen. Für unser 30-Liter-Fässchen brauchen wir rund 55 bis 60 Kilo Äpfel.

Auch ohne eigenen Apfelbaum lassen sich übrigens regionale, passende Äpfel beschaffen: Einfach mal einen Landwirt mit Streuobstwiesen fragen – viele sind sogar froh, wenn man sich auf einer Streuobstwiese bedient und selbst pflückt oder aufrafft. Die dritte Methode, an die passende Viezgrundlage zu kommen, ist für die ganz Bequemen am besten geeignet: Man kauft einem Viezproduzenten direkt den Saft in der passenden Menge ab.

Vom Apfel zum Most | Zwar sind Apfelbäume und Streuobstwiesen noch recht weit verbreitet, eine eigene Kelter anzuschaffen, lohnt sich aber für den Hausgebrauch eher nicht. Viele kleinere und größere Keltereien bieten aber an, eigenes Obst mitzubringen. Sie keltern das Obst, und man kann den Saft aus den eigenen Früchten wieder mitnehmen.

Der erste Schritt auf dem Weg zum eigenen Viez ist also: Mit den Äpfeln hin zu einem lokalen Viez- beziehungsweise Saft-Produzenten. Wer Wert auf einen besonders schmackhaften Viez legt, sollte Äpfel mit faulen Stellen aussortieren. Gewaschen werden die Äpfel vor dem Auspressen auch – das macht aber in der Regel die Kelteranlage gleich mit.

In der Regel laufen die Keltern zwischen Ende September und Mitte November. Man sollte rechtzeitig nachfragen und sich anmelden.

Wer keine eigenen Äpfel hat, fährt mit dem leeren Fass zum Viez- oder Saftproduzenten und kauft ihm direkt den Most ab. Vorteil dabei: Die Sorten, die ein Viezproduzent verwendet, dürften zweifellos geeignet sein.

Nach dem Pressen (rechts) bleibt der Most (Mitte) eine Zeitlang stehen. Zurück bleibt der Trester (oben).

Vom Most zum Viez | Unser 30-Liter-Fass ist mit frischem Most nun gut gefüllt. Aber Obacht: Es darf auf keinen Fall bis direkt unter den Rand gefüllt werden, sondern etwa drei bis vier Zentimeter ab Oberkante müssen frei bleiben. Der Most braucht Platz, wenn die Gärung beginnt. Verschlossen wird das Fass mit dem Deckel und dem Gärspund. In diesen Gärspund hinein kommt eine Sperrflüssigkeit, schlichtes Wasser reicht aus. Dadurch kann das bei der Gärung entstehende Gas aus dem Fass austreten, ohne dass Sauerstoff ins Fass hineinkommt.

Das Fass sollte man am besten in einem Keller lagern bei gleichbleibender Temperatur (zwischen 10 und 15 Grad Celsius).

Wer einen möglichst klaren Viez haben möchte, der kann vor der eigentlichen Gärung den Most zunächst mal einige Stunden oder einen Tag lang stehen lassen, damit sich gröbere Apfelteilchen im Saft noch absetzen können. Sie sinken zu Boden. Nachteil ist, dass man dann ein weiteres großes Gefäß oder ein zweites Fass braucht, um den Most aus dem Fass vom Bodensatz zu trennen und später in das erneut gesäuberte Fass wieder hineinzuschütten.

Die Gärung | Professionelle Viezproduzenten benutzen, wie Winzer auch, verschiedene Hefen, um die Gärung in Gang zu setzen. Das Schöne an der Viezproduktion aber ist, dass die natürlichen Hefen das auch ganz alleine machen. Man muss mit seinem Fässchen im Keller also im Grunde gar nichts tun außer: warten.

Nach drei bis vier Tagen beginnt die stürmische Gärung. Es bildet sich eine Schaumkrone auf dem Most (deshalb das Fass nicht bis zum Rand füllen!), und der Most beginnt zu blubbern. Der Gärspund tanzt dann auf dem Wasser, wenn die Gasblasen sich ihren Weg aus dem Fässchen suchen. Dann breitet sich auch ein leicht säuerlicher Apfelgeruch im Kellerraum aus (der richtig Lust auf Viez macht).

Diese stürmische Gärung wird nach gut einer Woche schwächer. Es blubbert dann nicht mehr, auch wenn der Most weiter gärt.

Wer sich auf die natürliche Gärung nicht verlassen will, der kann auch Reinzuchthefen verwenden. Die Hefe wird dem Most in der auf der Packung angegebenen Menge zugesetzt. Sie sorgt dafür, dass die Gärung sofort in Gang gesetzt wird. Reinzuchthefen gibt es im gut sortierten Fachhandel oder im Internet. Kostenpunkt für eine Reinzuchthefe für unser 30-Liter-Fässchen: Zwischen 15 und 25 Euro. Aber wie gesagt: Es funktioniert auch ohne.

Abfüllen und Lagern | Nach vier bis sechs Wochen ist die Gärung abgeschlossen, der Zucker hat sich in Alkohol umgewandelt, aus dem Most ist Viez geworden. Wer im Oktober keltert, der kann in der Regel vor Weihnachten schon seinen ersten neuen Viez probieren.

Bei dem weiteren Vorgehen mit dem Viez gibt es unter Hobby-Viezproduzenten nun gleich mehrere Glaubensfragen zu entscheiden: Soll man den Viez schwefeln, ja oder nein? Soll man ihn „auf der Hefe" lassen oder „abziehen"? Soll man ihn filtern oder natürtrüb lassen?

Mit Schwefel wird beim Viez wie auch beim Wein die Gärung endgültig gestoppt, der Viez „geklärt". Dieses Kaliumdisulfit gibt es in kleinen Mengen im Fachhandel, der Apotheke oder im Internetversand. 1 Gramm kommt auf zehn Liter, für unser 30-Liter-Fässchen ist das also etwa eine Messerspitze. Die Schwefelung dient dazu, Fehlgärungen zu vermeiden und einen möglichen Essigstich

Schaumkrone auf dem Most während der Gärung.

des Viezes zu verhindern. Das Schwefeln ist aber wie gesagt eine Glaubensfrage: Man kann den Viez auch ohne Schwefeln lagern.

Glaubensfrage ist auch, ob man den Viez „auf der Hefe" lässt oder nicht. Man kann ihn lagern, indem man ihn einfach in seinem Fässchen stehen lässt. Damit ist ein gewisses Risiko verbunden, denn in der abgestorbenen Hefe können sich Mikroorganismen bilden, die den Viez verderben können. Vor allem dann, wenn im Frühjahr die Temperatur im Keller höher wird. Die zweite Möglichkeit, den Viez zu lagern, ist, ihn von der Hefe zu nehmen („abziehen") und beispielsweise in die bekannten Bag-in-Box-Beutel abzufüllen, die man in allen möglichen Größen findet. Drei-Liter-Beutel lassen sich besonders gut lagern und in den Papp-Boxen im Sommer nach Anbruch auch gut im Kühlschrank unterbringen. Beim Abfüllen aus dem Fässchen verbleibt ein Rest im Fass – der Bodensatz. Wer ein 30-Fässchen benutzt, wird also aufgrund des nicht ganz gefüllten Fasses und des Hefe-Bodensatzes im Ergebnis etwa 25 Liter Viez abfüllen können.

Beim Abfüllen gibt es schließlich noch eine dritte Glaubensfrage: Gefiltert oder naturtrüb? Letzteres ist die deutlich einfachere Methode, denn das Filtern auf dem Weg in den Bag-in-Box-Beutel ist aufwändige Handarbeit.

Der Viez | Aus unserem 30-Liter-Fässchen Most sind – wenn alles gut gegangen ist – vor Weihnachten gut 25 Liter Viez geworden, der nun in Beuteln im kühlen Keller lagert und darauf wartet, in die Porz zu kommen. Haltbar ist er im Grunde ein bis zwei Jahre – in der Regel sollte Viez im ersten Jahr getrunken werden.

Gästen eigenen Viez anbieten zu können oder eine Flasche hausgemachten Viez zu verschenken, hat natürlich einen ganz eigenen Reiz. Wenn der eigene Viez gelungen ist, wird der Viezfreund aber vor allem eines tun: Das meiste davon am liebsten selbst genießen. Prost!

VIEZ-FAKTEN

Der Jahrgang

Beim Wein spielt der Jahrgang bekanntlich eine große Rolle. Es gibt gute Jahrgänge, weniger gute Jahrgänge und manchmal spricht man sogar von einem Jahrhundert-Jahrgang. Beim Viez gibt es solch eine Unterscheidung bisher eher nicht. Natürlich gibt es unterschiedlich gute Jahre – das bezieht sich aber eher auf die Erntemenge und die damit für den Viez zur Verfügung stehende Most-Menge. Dass man Viez nicht über Jahre vergleichen kann, liegt auch daran, dass er in der Regel nicht über Jahre gelagert wird. Bei den hessischen Äbbelwoi-Produzenten gilt die Regel, dass der Apfelwein seinen Geburtstag nicht erleben dürfe. Bei Viezfreunden, die einen guten Viez im Keller haben, gilt das vermutlich in ähnlicher Weise.

◥ Michael Schmitz

Apfelwein weltweit

VIEZ, ÄPPELWOI, CIDRE ODER CIDER

Ob er nun Cider, Cidre, Sidra, Sagardoa, Jabolčnik, Viez oder Most

heißt, in zahlreichen Regionen und Ländern der Erde trinkt und

schätzt man den Apfelwein.

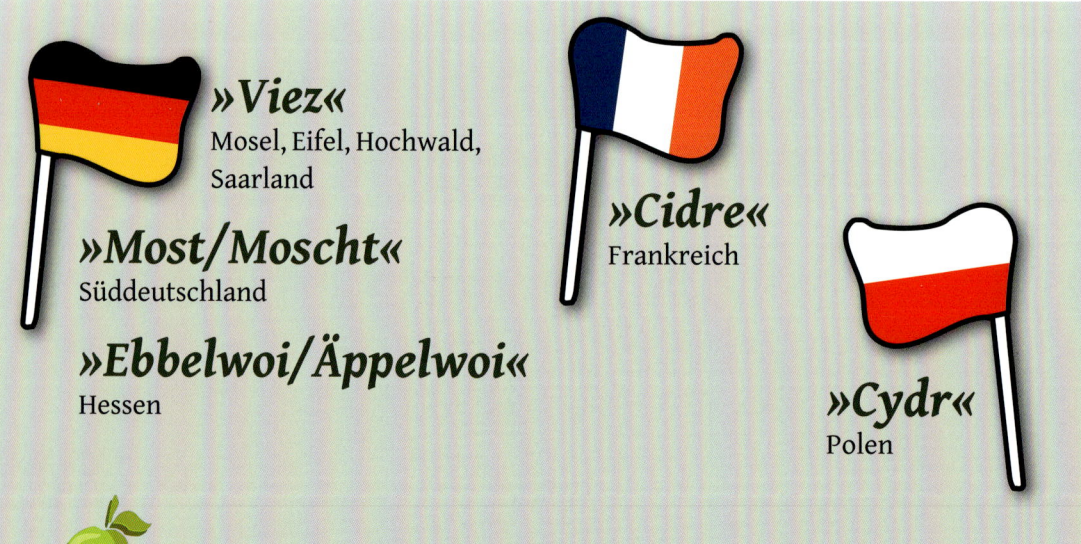

»Viez«
Mosel, Eifel, Hochwald, Saarland

»Most/Moscht«
Süddeutschland

»Ebbelwoi/Äppelwoi«
Hessen

»Cidre«
Frankreich

»Cydr«
Polen

»Cider«

Großbritannien, Irland, Schweden, Südafrika, USA, Australien

»Siideri«

Finnland

»Cidre/
Cider«

Kanada

»Sagardoa«

Baskenland

»Sidra«

Spanien

»Jabolčnik«

Slowenien

»Most«

Schweiz, Österreich

»сидр«

Russland, Ukraine

Route du Cidre
von Merzig nach Trier

Die Viezstraße verläuft von Trier über Konz, den Saargau nach Merzig.

Entlang der im Dreiländereck Deutschland, Frankreich und Luxemburg gelegenen Route sind viele Obstbauern, Edelobstbrenner, Landwirte, Hoteliers und Gastronomen anzutreffen. Neben dem Viez und den die Landschaft kennzeichnenden Streuobstwiesen verbindet diese Region auch die Sprache, das *Moselfränkische*.

Auf Anregung der Viezbruderschaft wurde die Viezhochburg Trier an die offizielle Viezstraße angeschlossen.

Ein wichtiges Anliegen ist umgesetzt. Der Trierer Oberbürgermeister Wolfram Leibe (rechts) und Hanspitt Weiler, Präsident der Viezbruderschaft, „taufen" im September 2016 ein Schild auf dem Augustinerhof vor dem Trierer Rathaus.

Der ViezoMat

Wer Viez liebt, kann ihn mittlerweile in vielen Supermärkten in der Region Trier oder im Saarland kaufen – oder natürlich direkt bei einem Viezproduzenten seines Vertrauens. Was tun, wenn der Ladenschluss da ist, der Kühlschrank leer und der Viezdurst noch nicht gestillt? Da gibt es zumindest in einigen Gemeinden mittlerweile Abhilfe. Unter anderem dank des findigen Viezproduzenten Armin Hunsicker aus Fisch auf dem Saargau. Viez produziert er mit seiner Frau zwar nur im Nebenerwerb, aber mit umso größerer Leidenschaft. 2017 eröffnete er in Fisch einen Verkaufsautomaten, an dem sich rund um die Uhr Viez kaufen lässt. Daneben gibt es darin eine ganze Reihe von weiteren regionalen Produkten wie Wurst, Brot, Käse, Joghurt oder Milch. So sorgt der „ViezoMat" nicht nur für Freude bei durstigen Vieztrinkern nach Ladenschluss, sondern er stärkt auch die Nahversorgung in dem kleinen Dorf. Und der Fischer Automat ist nicht der einzige geblieben.

Auch im Viezgarten von Anita Gabler in Esch bei Wittlich steht mittlerweile ein Rund-um-die-Uhr-Viez-Automat, den die Gablers mit ihrem Escher Viez bestücken. Passender Werbespruch: „Geld allein macht nicht glücklich. Du musst schon Viez davon kaufen."

Das ist der Viezomat von Armin Hunsicker aus Fisch, an dem man rund um die Uhr seinen Viezdurst stillen kann.

Kein Viez

ohne Äpfel

Die Sortenkunde

„Gammer" – so sagt der Trierer, wenn Viez sehr säuerlich ist. Für die Viezherstellung sind säurebetonte Apfelsorten daher traditionell am besten geeignet. Da in der heutigen Zeit der Verbraucher ausschließlich Tafelobst verzehrt, werden die Neuzüchtungen des Tafelobstes im Intensivanbau kultiviert. Dadurch wird der Anbau für die Viezherstellung geeigneter, meist alter Sorten weiter zurückgedrängt. So sind die Streuobstwiesen heute fast die einzigen Lieferanten für das Mostobst. Die Sortenwahl ist nämlich entscheidend für die Herstellung eines hochwertigen Getränkes.

Gemälde: Josef Hammen

Diese Apfelsorten sind für die Viezherstellung geeignet:

Biesterfelder
Rheinischer Bohnapfel
Erbachhofer Mostapfel
Roter Trierer Weinapfel
Hauxapfel
Geheimrat von Oldenburg
Jakob Lebel
Rheinischer Winterrambour
Jakob Fischer
Brettacher
Ontario
Baumanns Renette
Glockenapfel
Winterzitronenapfel
Schöner von Boskoop
Kardinal Bea
Roter und Gelber Bellefleur
Schöner aus Nordhausen
Wiltshire
Porzenapfel

Mittlerweile gibt es aber auch neuere Apfelsorten, die sich für die Viezherstellung eignen. Sie haben den entscheidenden Vorteil, weniger für Pilzkrankheiten anfällig zu sein.
Das sind zum Beispiel Sorten wie
Reglindis
Rewena
Remo
Florina
Pilot

Geheimrat Dr. von Oldenburg

Herkunft // Züchtung aus Minister von Hammerstein und Baumanns Renette 1897.

Frucht // Mittelgroß, bei starkem Behang klein, gleichmäßig geformt.
Die *Schale* ist glatt, später fettig, grünlich gelb, die Sonnenseite orange bis rot und verwaschen gestreift.
Das *Fleisch* ist weißlich gelb, fest, saftig, später locker und mürbe.
Der *Geschmack* ist süßlich, harmonisch säuerlich, schwach würzig.

Reife // *Baumreife* September, *Genussreife* November/Dezember

Baum // *Wuchs* mittelstark, bei Vollertrag nachlassender Wuchs, dicktriebig und mäßig verzweigt. Die Krone ist breit und kugelförmig.
Standort nährstoffreiche, gut durchlüftete und mäßig feuchte Böden. In warmen Lagen gutes Aroma und hoher Zuckergehalt.

Blüte // mittelfrüh und lange anhaltend, wenig frostempfindlich.

Anfällig // Schorf, Mehltau, Stippe, Blutlaus und Krebs.

Beurteilung // Regelmäßiger, früh einsetzender Massenträger, für Frischverzehr geeignet, für Brennerei und Mosterei zu empfehlen. Guter Pollenspender.

Geheimrat Dr. von Oldenburg

Roter Trierer Weinapfel

Rheinischer Bohnapfel

68

Roter Trierer Weinapfel

Herkunft // Zufallssämling aus dem Raum Trier, erstmals 1872 beschrieben.
Frucht // klein bis mittelgroß, leicht spitzoval bis rund, am Kelch gekerbt.
Schale grün, später gelb, fest und glatt. Bei Baumreife ist der Apfel bräunlich bis rot überzogen.
Fleisch ist grünlich-weiß, später weiß-gelblich und unter der Schale rosa, fest, sehr saftig.
Geschmack herb, säurehaltig, bei später Ernte würziger.
Reife // *Baumreife* Ende Oktober, *Lagerreife* bis Dezember.
Baum // *Wuchs* kräftig, starke Stammbildung und anfangs aufrecht wachsende Krone, in der Ertragsphase breit. *Standort* Ansprüche sind gering, gedeiht auf allen Böden, eignet sich auch für raue Lagen.
Blüte // spät, lange anhaltend, wenig anfällig gegen Frost und nasskalte Witterung.
Guter Pollenspender.
Anfällig // Schorf und je Standort auch Mehltau.
Beurteilung // Durch die hohen Erträge, Säurereichtum und mittleres Mostgewicht gehört der Rote Trierer Weinapfel zu einer der besten Sorten für die Herstellung von Viez. Allerdings wird er wegen der Schorfanfälligkeit und der vielen kleinen Früchte immer weniger angebaut.

Rheinischer Bohnapfel

Herkunft // Entstanden im Rheinland. Er ist etwa seit 1800 im Anbau.
Frucht // Mittelgroß, an Buschbäumen groß. Sie ist walzen/eiförmig bis kugelig geformt.
Schale ist glatt, die Farbe zuerst grasgrün und später grünlich-gelb, Sonnenseite rötlich verwaschen gestreift.
Fleisch grünlich-gelb bis hell, fest, saftig, bei Überlagerung zäh.
Geschmack anfangs herb, säuerlich, wenig Aroma, nach Lagerung aromatischer und milder.
Reife // *Baumreife* Oktober/November, Verarbeitung Dezember/Januar, bis Juni haltbar.
Baum // *Wuchs* Mittelstark, pyramidal bis kugelig. Wegen starker Triebbildung ist ein Auslichtungsschnitt erforderlich. *Standort* Anspruchslos, eignet sich auch für raue Lagen.
Blüte // Mittelspät, übersteht Spätfröste. Schlechter Pollenspender.
Anfällig // Schorf, Mehltau, Stippe, bei nassen Standorten auch Krebsbefall.
Beurteilung // Die Sorte neigt zur Alternanz, sehr reich tragend, guter Apfel für die Verwertung.

Eis-Viez

Eiswein kennt jeder. Aber Eis-Viez? Das war eine ungewöhnliche Idee, die 2002 in Fisch bei Saarburg (einem unter Viezfreunden bekannten Dorf mit vielen Streuobstwiesen und einigen Viezproduzenten) geboren wurde. Michael Winter und Roland Lutz produzierten analog zum Eiswein wohl erstmals einen Eis-Viez. Sie ließen dazu die Äpfel bis nach dem ersten Frost am Baum hängen und kelterten erst im Dezember. Ergebnis: der Most hatte über 100 Grad Oechsle, fast doppelt so viel wie normaler Most. Der fertig vergorene Viez schmeckt besonders fruchtig. Nach dem Eis-Viez fehlt jetzt eigentlich nur noch eine Eisdiele mit Viez-Eis …

Michael Schmitz

Ontarioapfel

Herkunft // Ontario County/Kanada. Entstanden aus einer Kreuzung Northern Spy und Wagnerapfel 1874. In Europa seit 1882 verbreitet.

Frucht // Groß, flach, regelmäßig geformt, Wülste über der Frucht verlaufend, Stielhöhle berostet.

Schale ist glatt und fest. Grundfarbe gelblich-grün, bei Reife gelb. Sonnenseite rüb-rot, später purpurviolett verwaschen, etwas gestreift.

Fleisch weißlich-gelb, mittelfest, sehr saftig. Angenehme Säure, wenig Aroma.

Reife // *Baumreife* Oktober/November, *Genussreife* erst nach Lagerung, bis Mai/Juni haltbar.

Baum // *Wuchs* Mittelstark, hochwachsend, die Krone kugelförmig. Zur Förderung der Verzweigung ist ein regelmäßiger Schnitt erforderlich.

Standort Bevorzugt geschützte Lagen und nährstoffreiche Böden.

Blüte // Spät und lange anhaltend, wenig empfindlich bei nass-kalter Witterung.

Anfällig // Gering gegen Schorf und Blutlaus, aber anfällig für Fleisch- und Schalenbräune, bei nassen Standorten auch Krebsbefall.

Beurteilung // Der Ontarioapfel neigt zur Schwankung im Fruchtertrag und ist druckempfindlich. Der Ertrag setzt früh und reichhaltig ein. Guter Pollenspender.

◣Jürgen Schmidt

Ontario

Geschichte:

WOHER DIE OBSTBÄUME KOMMEN

100 v. Chr.

200 v. 1812

1560 1814

Der Ursprung von Obstgehölzen liegt im Orient.

Die Perser und Ägypter pflanzten bereits Obstbäume in ihren Gärten. Von dort aus gelangten sie nach Griechenland. Der griechische Gelehrte Hippokrates – der ja bekanntlich auch als „Vater" der Medizin gilt – soll um 400 v. Chr. die Veredelung mit Pfropfung erfunden haben. Durch die Römer wurde der Obstanbau vor 2.000 Jahren an den Rhein und die Mosel gebracht.

Ab dem Jahr 812 erreichte der Obstanbau durch Karl den Großen einen großen Aufschwung. Er erließ eine Landesverordnung, mit der die Kammergüter verpflichtet wurden, verschiedene Obstgehölze aufzupflanzen.

Im Mittelalter haben sich Klöster intensiv mit dem Obstbau beschäftigt und die Züchtungen von neuen Sorten vorangebracht. Ihr Wissen haben sie der Bevölkerung rund um die Klöster weitergegeben. Die Jesuitenmönche, die um 1560 nach Trier kamen, intensivierten den in der Region bereits vorhandenen Obstbau. Für die Pächter der Ländereien bestand die Verpflichtung, Obstbäume aufzupflanzen und zu pflegen. Angepflanzt wurden überwiegend Äpfel, Birnen, Zwetschgen, Süß- und Sauerkirschen sowie Nüsse.

Eine große Zeit für einen engen Viez-Verwandten begann mit der französischen Besatzung. In der französischen Zeit von 1794 bis 1814 förderte die Regierung den Obstanbau in unserer Region. In dieser Zeit wurden die Landwirte im Obstanbau und in der Herstellung von „Cidre" geschult.

Auch die preußische Verwaltung setzte anschließend in dieser Region die Vermittlung von Wissen und Kenntnissen um den Obstanbau fort. Unter anderen wurden die Obstbäume auch oder gerade an solchen Standorten gepflanzt, die nicht oder nur unter Schwierigkeiten bewirtschaftet werden konnten, zum Beispiel an Hängen, Wegesrändern oder Feldraine. Dort haben sie über viele Jahrzehnte das landschaftsprägende Bild dieser Kulturlandschaft entwickelt. Von den alten Obstbeständen existieren vorwiegend Birnenbäume auch heute noch.

Der Erhalt der Streuobstwiesen ist der Trierer Viezbruderschaft ein besonderes Anliegen.

Die erste Obstbaumrodung gab es in den 1930er Jahren aus Rationalisierungsgründen. 1938 gab es in den Landkreisen Bitburg und Prüm noch fast 500.000 Hochstammobstbäume.

Der Streuobstanbau erlebte nach dem zweiten Weltkrieg nur einen kurzen Aufschwung. Er diente in erster Linie zur Selbstversorgung und ließ die Doppelnutzung der Fläche zu: Beweidung und Fruchtverwertung.

In den 50er Jahren kam durch den wirtschaftlichen Aufschwung das Interesse am Obstbau fast zum Erliegen. Folglich gingen die Streuobstbestände zurück, mit allen negativen Auswirkungen für die Kulturlandschaft. Obstbaumbestände verwahrlosten oder vergreisten, Misteln breiteten sich aus, die Landschaft verbuschte.

Mittlerweile ist ein Umdenken zu erkennen. Es gibt sogar staatliche Förderung zum Erhalt und zur Neupflanzung von Streuobstbäumen.

◣ Jürgen Schmidt

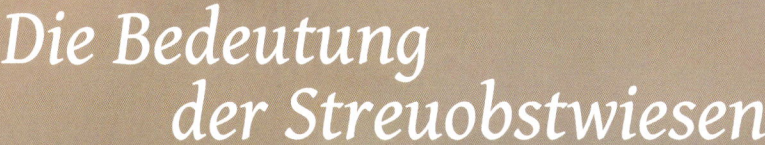

Die Bedeutung der Streuobstwiesen

In weiten Teilen der Eifel, des Hunsrücks, der Mosel und auch des Saargaus wird der für diese Gebiete typische Streuobstbestand leider oft nicht mehr gepflegt und ist zum Teil in einem desolaten Zustand. Die zunehmende Beliebtheit und die wachsende Nachfrage nach einheimischen Produkten aus dem Streuobstanbau wie Saft, Viez und Edelbrände stehen in einem gewissen Gegensatz dazu.

Die Streuobstwiesen gehören in diesen Regionen zum prägenden Landschaftsbild — eine typische Form der Kulturlandschaft. Die Streuobstbestände beleben und gliedern das Landschaftsbild. Für den Naturfreund sind sie zugleich eine schöne Naherholung, besonders in der Blütezeit und in der Erntezeit.

Streuobstwiesen bieten zudem einen wertvollen Lebensraum für gefährdete Tier- und Pflanzenarten. Besonders Streuobstwiesen mit sogenannten Altbeständen sind von großer ökologischer Bedeutung, während Junganlagen in der Regel einige Jahre brauchen, um die ökologische Wertigkeit der Altbestände zu erreichen.

Jürgen Schmidt

Apfelbaum kaufen,
Loch buddeln
und rein damit?
DENKSTE!

So pflanzt man einen Hochstamm

Wer Viez selber machen will, braucht dazu Äpfel. Für echte Selbstversorger muss also ein Apfelbaum her. Einfach kaufen, Loch buddeln und rein damit? Denkste!
Beim Pflanzen kann man richtig viel falsch machen. Wir erklären, wie es richtig geht.

Beim Kauf eines Obstbaumes sollte man zunächst auf die Qualität achten. Es empfiehlt sich daher, das Pflanzgut in einer Markenbaumschule zu kaufen.

Die äußere Qualität des Baumes

Wichtig: Die Baumform muss stimmen. Wer einen Hochstamm kaufen will, der sollte die Veredelungsstelle 20 bis 25 Zentimeter über dem Wurzelansatz finden. Die Seitentriebe sollten ab einer Höhe von 180 bis 220 Zentimeter am Stamm austreiben. Der Stamm muss gerade und bis zum ersten Seitenast ohne Austrieb sein.

Die Krone besteht aus mindestens drei bis fünf gut verteilten, ausgereiften Seitentrieben. Verzweigung und Wurzelwerk müssen in einem ausgewogenen Verhältnis stehen. Außerdem sollte man sich das Wurzelwerk genau ansehen: Es sollte viele feine Wurzelanteile haben und keine Verletzungen.

Die Krone sollte aus mindestens drei bis fünf gut ausgereiften Seitentrieben bestehen.

Ein gutes Wurzelwerk erkennt man daran, dass es einen hohen Anteil feiner Wurzeln hat.

Pflanzfähiger Obstbaum: Verzweigung und Wurzelwerk müssen in ausgewogenem Verhältnis zur Pflanze stehen.

Pflanztermin und Pflanzung

Grundsätzlich kann man im Frühjahr oder im Herbst pflanzen. Beim Obstbaum ist der Herbst die bessere Wahl. Solange der Boden frostfrei bleibt und feucht genug ist, wachsen die Wurzeln an und bilden neue Faserwurzeln. Der im Herbst gesetzte Baum hat einen deutlichen Entwicklungsvorsprung gegenüber dem im Frühjahr gepflanzten.

Der Boden sollte tiefgründig sein. Sehr lehmhaltige Böden neigen zur Verdichtung und zur Staunässe.

Veredelung

Sandige Böden halten kaum Wasser und haben wenige Nährstoffe. Durch eine Bodenverbesserung, zum Beispiel durch Zugabe von Kompost bei der Pflanzung, kann man ungünstige Bodenverhältnisse verbessern. Deshalb ist eine sorgfältige Pflanzung die Voraussetzung für das Anwachsen des jungen Baumes.

Jetzt geht's an die Arbeit – das Pflanzloch muss gebuddelt werden. Die Größe der Pflanzgrube wird vom Wurzelwerk des Baumes bestimmt: Die Grube sollte die doppelte Ausdehnung des Wurzelballens haben, in der Breite und in der Tiefe. Wenn es dann mit dem Spaten ans Ausheben geht, sollte der Ober- und Unterboden neben dem Pflanzloch getrennt gelagert werden. Der Grund: Die obere Bodenschicht (Mutterboden) wird beim Einpflanzen des Baumes, der Unterboden für die Baumscheibe nach Abschluss der Pflanzung genutzt.

In die so vorbereitete Pflanzgrube wird dann erst mal ein Holzpfahl mit umweltfreundlicher Imprägnierung in den festen Untergrund eingeschlagen.

Schon beim Pflanzen kann man für wirksamen Schutz vor Wühlmäusen sorgen, indem man den Wurzelballen mit einem Drahtkorb umgibt. Dazu wird das Pflanzloch mit verzinktem Kaninchendraht – Maschenweite 0,5 x 1,5 Zentimeter – ausgelegt; der Pfahl bleibt außerhalb des Maschendrahtes.

Jetzt können wir an das eigentliche Pflanzen gehen. Dabei ist unbedingt darauf zu achten, dass sich die Veredelungsstelle am Stamm so hoch über der Bodenfläche befindet wie in der Baumschule.

Alle Obstgehölze sind über dem Wurzelhals veredelt.

Bevor der Baum in das Pflanzloch gesetzt wird, kürzt man die überlangen Wurzeln ein. Abgebrochene und beschädigte Wurzeln werden vor der Verletzungsstelle glatt abgeschnitten.

Der Baum wird etwa einen Fußbreit vom Pfahl entfernt in die Grube gesetzt und zwar so, dass der Wurzelhals gut handbreit über der Erdoberfläche steht. Notfalls wird auf den Grubenboden Pflanzerdengemisch gebracht und leicht angedrückt. Anschließend werden die Wurzeln mit dem Oberboden-Kompostgemisch bedeckt. Durch leichtes Rütteln und Senkrecht-nach-oben-Ziehen des Baumes werden Hohlräume im Wurzelbereich mit Erde gefüllt, und alle Wurzeln bekommen guten Bodenkontakt.

Der ausgelegte Kaninchendraht wird dann zum Wurzelhals zusammengedrückt und dabei zu einem Drahtkorb geformt. Mit dem restlichen Boden wird die Pflanzgrube aufgefüllt. Die Erde wird um den Baum mit dem Fuß leicht angedrückt, bis der frischgepflanzte Baum wieder so tief steht wie in der Baumschule.

Unterboden

Skizze einer Pflanzgrube

Kaninchendraht

Pflanzgrube mit Kanichendraht ausgelegt

Wurzel Pflanzschnitt

Drahtkorb

Schnitt durch die Pflanzgrube nach der Pflanzung: Der Drahtkorb ist geschlossen, die Grube ist mit Erde aufgefüllt.

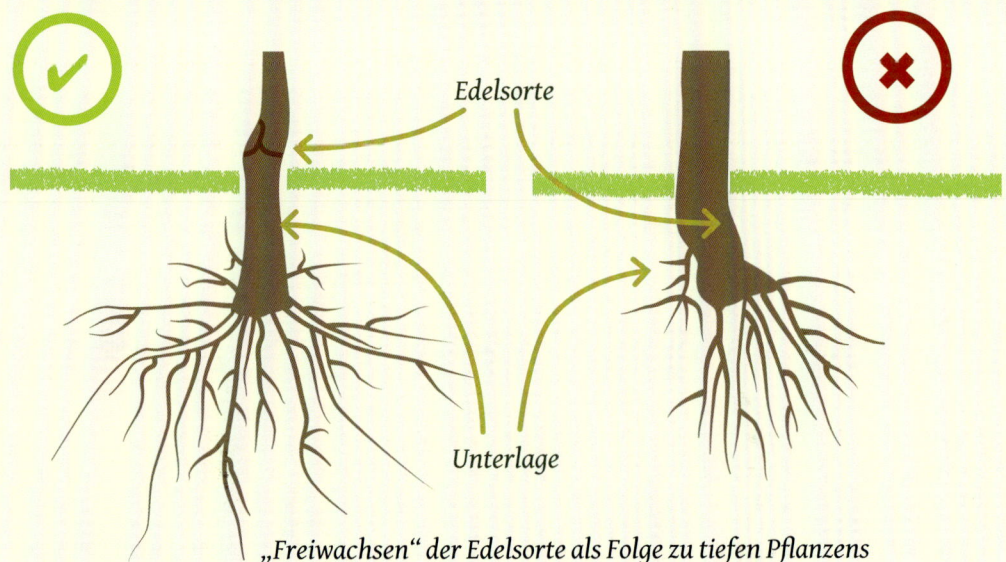

Edelsorte

Unterlage

„Freiwachsen" der Edelsorte als Folge zu tiefen Pflanzens

Richtig – Die Veredelungsstelle muss eine Handbreit über dem Erdreich sein.

Falsch – Zu tief gepflanzt, Veredelungsstelle ist im Boden.

Steht der Baum tiefer, dann gelangt womöglich die Edelsorte in den Boden, und sie kann sich bewurzeln. Die Folge wäre, dass die Einflüsse und Eigenschaften der Unterlage verloren gingen: man hätte also umsonst veredelt.

Nach dem Pflanzen formt man eine Pflanzscheibe mit Gießrand. Die Baumscheibe soll etwa einen Quadratmeter groß sein.

Für den Gießrand nimmt man den noch bereitliegenden Unterboden. Es soll aber kein Wall aufgehäuft werden.

Anschließend wird der Baum – selbst bei feuchter Witterung – tüchtig gewässert. Es sollte immer auch im Winter genügend Feuchtigkeit im Boden sein, um das Austrocknen zu vermeiden. Solche Schäden bezeichnet man als Frostdürre.

Pfahl

Veredelung

Pflanzscheibe mit Gießrand

Zuletzt erfolgt das Anbinden – und auch dabei kann man noch einiges falsch machen. Mit einer Achterschlaufe wird der gepflanzte Baum lose am Pfahl angebunden. Dabei muss die Schlaufe am Pfahl niedriger liegen als

am Baum, andernfalls besteht die Gefahr, dass sich der Baum „aufhängt", wenn sich der Pflanzboden setzt.

Es gibt Bänder aus Weide, Kokosstrick oder Kunststoff.

Noch einige Hinweise und Tipps:

Bei der Wahl des Standortes sollte man folgendes beachten: Die Obstbäume sollten nicht in Lagen gepflanzt werden, in denen es noch Spätfrost geben kann; die Wasserversorgung sollte regelmäßig sein; je nach Höhenlage kann sich der Austrieb um eine bis drei Wochen verzögern.

Bei im Herbst gepflanzten Apfelbäumen werden die Baumscheiben am besten mit Stallmist oder Kompost abgedeckt, aber der Stamm muss frei bleiben. Die Abdeckung schützt im Winter vor Frost und Kälte. Diese Baumscheibenabdeckung erfordert aber häufige Kontrolle, weil Mäuse und Wühlmäuse angelockt werden können.

Ist der Obstbaum (Halb- und Hochstamm) im Freiland gepflanzt worden, muss der Baum vor Wild- und Weidetieren geschützt werden, also muss ein Zaun her. Und zwar ausreichend hoch.

Die Bindung muss immer wieder kontrolliert werden: Sie darf nicht abrutschen oder gar in den Stamm einwachsen. Notfalls neu anbinden.

◥Jürgen Schmidt

Junger Obstbaum (Hochstamm)
links: sturmsichere Anbindung in 3 Pfählen
rechts: Schutz vor Wildverbiss durch hohe Umzäunung

Brüder im Geiste und stolze Viez-Enthusiasten

Im Interview erklärt Hanspitt Weiler, Präsident der Trierer

Viezbruderschaft, wie der Verein entstanden ist und was er

noch erreichen will.

Interview Michael Schmitz

Hanspitt, wie viele Viez-Porzen muss man eigentlich getrunken haben, um auf die Idee zu kommen, dass man eine Bruderschaft für Viez gründen sollte?

Gute Ideen entstehen meist in geselliger Runde. Und da darf's manchmal ruhig eine Porz Viez mehr sein. Zumindest schadet dies nicht einer kreativen Ideenfindung.

Wie viele Mitglieder waren bei der Gründung beteiligt?

Da haben sich 9 Viez-Enthusiasten gefunden und zusammengetan. Das hat dann für eine ordentliche amtliche Gründung im Jahre 2010 gereicht.

Hattest du vor Gründung der Bruderschaft schon einen besonderen Bezug zum Viez?

Der Viez hat mich eigentlich durch mein ganzes Leben begleitet. Lediglich meine Schweizer Jahre hatten mich zur Viez-Abstinenz verdonnert. Für mich war der klare, säuerlich-herbe Geschmack – der den Viez früher viel deutlicher geprägt hat – immer der beste Durstlöscher und ein wahrer Trinkgenuss. Viez war eben „gammer", wie es der Trierer gesagt hat. Der heutige Viez ist da viel gesellschaftsfähiger geworden und hat dadurch an Beliebtheit deutlich dazugewonnen.

Warum habt ihr die Form „Bruderschaft" gewählt und nicht einen ganz gewöhnlichen Verein gegründet?

Wir wollten ja nie ein Verein sein. Es war unsere Idee, den ursprünglichen Enthusiasmus der Gründerväter zu erhalten und uns sehr bedacht mit neuen, sorgsam ausgewählten „Brüdern im Geiste" zu ergänzen. Da bot es sich einfach an, eine Bruderschaft zu gründen.

Die Viezbruderschaft ist ja ein Verein in überschaubarer Größe – gibt es da nicht viele Nachfragen von Viezliebhabern, die auch Mitglied werden wollen?

Viezbrüder sind weltoffene, begeisterungsfähige Menschen. Und das spüren viele, die uns kennengelernt haben. Da ist die Motivation bei dem ein oder anderen sicher groß, dabeisein zu wollen.

Was ist das Ziel des Vereins: Warum gibt es die Viezbrüder?

Der Viez ist ein einmaliges Kulturgut unserer Region. Deshalb ist das oberste Ziel unserer Bruderschaft, die traditionelle Stellung des Viez, seine Herstellungsverfahren, das Brauchtum rund um den Viez und der dazugehörigen Viezporz als wertvolles regionales Kulturgut für die Allgemeinheit zu erhalten und auszubauen.

Wie schätzt du es ein: Hat sich im Bezug auf das Image des Viez durch die Arbeit und die Existenz der Bruderschaft schon etwas verändert?

Der Viez hat in den letzten Jahren einen deutlichen Karrieresprung gemacht, weg vom „alten Pätterchen"-Getränk, hin zum Trinkvergnügen für viele. Da gibt es keine Alters- und Geschlechtergrenzen mehr in der Beliebtheitsskala. An diesem veränderten, positiven Image hat die Trierer Viezbruderschaft mit ih-

> »Wir Viezbrüder
> sehen uns schon heute als eine
> kleine Marketingorganisation
> für den Viez«

Gruppenbild der Viezbruderschaft, Stand August 2017: Die Viezbruderschaft hat in Trier-Heiligkreuz die Streuobstwiesen von Viezproduzent Rudi Müller besichtigt. Auch der Trierer Oberbürgermeister Wolfram Leibe war zu Gast. Die Streuobstwiese liegt mitten in der Stadt mit einem traumhaften Blick über Mattheis und Trier-Süd. Die Förderung der Streuobstwiesen-Kultur ist eines der Anliegen der Bruderschaft.

ren vielfältigen Aktivitäten sicherlich auch einen wesentlichen Anteil geleistet.

Winzer sind sehr gut organisiert, machen gemeinsames Marketing, verstehen sich als Berufsgruppe in einer Region mit gemeinsamen Interessen. Beim Viez ist das längst noch nicht so: Kann die Viezbruderschaft das vielleicht einmal ändern?

Wir Viezbrüder sehen uns schon heute als eine kleine Marketingorganisation für den Viez, und wir sind sehr glücklich darüber, inzwischen ganz feine Kooperationen mit vielen Viezherstellern, mit dem Verein Viezstraße, vielen Touristik-Büros und den Menschen, die sich um den Viez bemühen, eingegangen zu haben. Mit der anwachsenden Beliebtheit des Viez wäre es wünschenswert, wenn diese Vernetzung einmal zu der Bildung einer Dachorganisation führen würde, um dem Produkt Viez die notwendige Aufmerksamkeit und Förderung zukommen zu lassen. Da sind wir sofort dabei.

Hanspitt Weiler ist Marketingberater a.D., Viezliebhaber und Gründungspräsident der Trierer Viezbruderschaft. Er ist Vater von zwei Töchtern und begeisterter Boulespieler. Seinen Viez trinkt er am liebsten als Mix mit Sprudel und in netter Gesellschaft.

Die Hessen sind stolz auf ihren Äpplewoi, die Franzosen auf ihren Cidre: Wann werden die Menschen in der Region hier einen ähnlichen Stolz für ihren Viez entwickelt haben?

Ich kenne viele Menschen, die sehr stolz auf den Viez sind, weil er ein Stück Heimat für sie bedeutet. Wir Viezbrüder unterstützen dies mit Herzblut und tragen somit zur Förderung der Verbundenheit mit dem Heimatgedanken bei. Es gibt wohl kein anderes Getränk in unserer Region, welches so einmalig ist wie der Viez. Da darf man ruhig stolz darauf sein.

Und wenn das so weit ist: Wird die Viezbruderschaft dann aufgelöst?

Ich hoffe doch sehr, dass wir Viezbrüder unserem Lieblingsgetränk Viez nachhaltig noch einige Impulse geben können.

Das Viezbruderlied

Viezbrüder, gesellige Vagabunden
sitzen zusammen in fröhlichen Runden
genießen den trüb goldenen Viez aus der Porz
ob in feinster Robe, in Shirts oder Shorts.

Wir Brüder den Äppelwoi in Rheinhessen probiert
zur Crêpe der Bretone den Cidre serviert
in England den Cider, o welch ein Graus
da lob ich mir doch den Viez von zu Haus

Refrain
Viezlimo, Viezsprudel oder einfach nur pur
ob in Kneipen, zu Hause oder in der Natur
ob als Durstlöscher oder als Trinkgenuss
täglich einen Viez, für uns Brüder ein Muss

Der Zankapfel stets Zwietracht sät
der Adam seinen im Halse trägt
das Pferd läßt täglich einen fallen
manche Frucht auch vom Wurm befallen

Das Weibsbild trägt sie vor der Brust
das sind die herrlichen Äpfel der Lust
der goldene Apfel ew'ge Jugend verspricht
Schneewittchen den giftigen Apfel erbricht

Refrain

Wir sind
liebevoll, charmant und witzig,
höflich, elegant und spritzig.
Viezbrüder haben Format,
ei daojeh doa maache mer dat.

Text und Musik: Andreas Sittmann
© Trierer Viezbruderschaft e.V., 2018

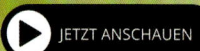 JETZT ANSCHAUEN

Gründungsmitglieder

Neun Viez-Enthusiasten fanden sich am 1. Oktober 2010 zusammen und gründeten die Viezbruderschaft. Als oberstes Ziel verfolgen sie: „Die traditionelle Stellung des Viez, seine Herstellungsverfahren, das Brauchtum rund um den Viez und der dazugehörigen Viezporz als wertvolles regionales Kulturgut für die Allgemeinheit zu erhalten und auszubauen." – vlnr. Henning Schneider, Arnt Finkenberg, Ossi Steines, Dr. Wolf-Diether Gabriel, Thomas Egger, Dr. Gerd Scholten, Hanspitt Weiler, Patrick Schenk, Helmut Haag

Viezfest 2012

DIE PREMIERE

Zwei Jahre nach der Gründung der Viezbruderschaft hatte das erste Viezfest
unter den Platanen auf dem Domfreihof
in Trier seine Premiere. Vier regionale Viezproduzenten, traditionelle
Gerichte, Musik und ein guter Zweck:
Das waren die gelungenen Zutaten, die
gleich auf Anhieb großen Publikums-
zuspruch fanden. Mehrere Tausend
begeisterte Besucher kamen. Mit dem
Erlös wurde das Streuobstwiesenpro-

Es startete die Künstler-Edition der Trierer Viezfest-Por-
zen. Die erste zeigte das Motiv „Viezmensch" vom
Trierer Künstler Karl Werner Bauer.

jekt des Auguste-Viktoria-Gymnasiums
gefördert. Die Viezbruderschaft hat
entschieden, das Fest nur alle zwei Jahre
stattfinden zu lassen – einerseits wegen
des hohen organisatorischen Aufwands,
andererseits, weil die Viezfreunde sich
dann umso mehr auf die Viezfest-Jahre
freuen.

Kultur- und Wirtschafts-
dezernent Thomas Egger
eröffnete zusammen mit dem
Präsidenten der Viezbruderschaft, Hanspitt Weiler, das Fest.

Viezfest 2014

Die Künstlerporz „Viezbruders Himmelreich", gestaltet von der Trierer Künstlerin Waltraud Jammers.

Das Musikprogramm bestritten das rund 50-köpfige Musikorchester „Oploo" aus Holland und die Bergmannskapelle aus Thomm (im Bild), die selbst dem Viez auch sehr verbunden ist (siehe „Die anderen Viezfreunde").

Präsident Hanspitt Weiler und Schirmherr Arndt Müller (Stadtwerke Trier).

Auch beim zweiten Trierer Viezfest ging
es gemütlich und familiär zu. Zum Viez
wurden passende regionale Gerichte
wie Dippelappes und Teerdisch gereicht. Bänkelsänger Andreas Sittmann
zog mit seinen Liedern von Tisch zu
Tisch.

Der Erlös ging an die Trierer
Kulturstiftung.

Viezfest 2016

Die Viezporz 2016 zeigte ein Motiv des bekannten Künstlers Werner Persy.

Präsident Hanspitt Weiler und Schirmherr Benno Skubsch (Trier-Galerie).

Eine Porz Viez unter Freunden.

Beim bereits zur Tradition gewordenen Treffen der Freunde des Apfelweins war die Viezporz, diesmal mit einem Motiv von Werner Persy, wieder ein begehrtes Sammlerobjekt. Natürlich wurde wieder ein unterhaltsames Programm geboten. Viezbruder Helmut Haag zog mit einer Drehorgel über den Festplatz. Weitere musikalische Beiträge lieferten der Musikverein Trier-Irsch, die Bergmanns-Kapelle Thomm und Bänkelsänger Andreas Sittmann.

Der Erlös kam der Flüchtlingshilfe der Stadt Trier zu.

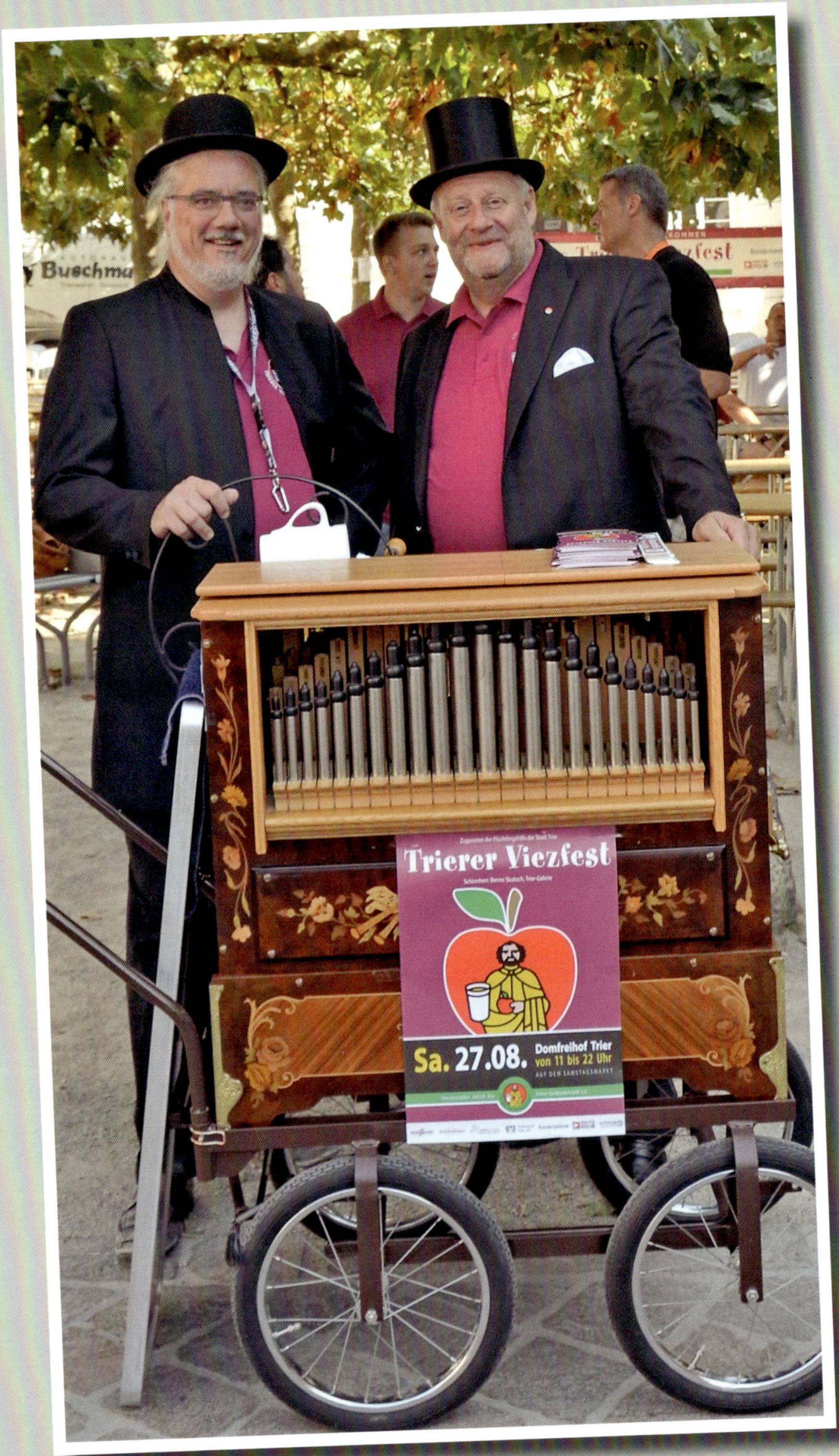
Trierer Viezfest
Sa. 27.08.
Domfreihof Trier
von 11 bis 22 Uhr
AUF DEM SAMSTAGSMARKT

OB Leibe (links) freut sich mit den Organisatoren.

Die Stimmung war wie immer ausgelassen.

Trierer Viezbruderschaft

Viezfest 2016

fotoVeit.de

Viezfest 2018

200 Jahre Marx – da durfte er auch auf der Porz 2018 nicht fehlen. Sie wurde gestaltet von Lydia Oermann.

Zwei bekannte Trierer werden vom Oberbürgermeister begrüßt.

Jubilar Karl Marx ließ es sich nicht nehmen, dem Fest persönlichen Besuch abzustatten.

Im Jahr, in dem der 200. Geburtstag von Karl Marx, Triers berühmtesten Sohn, gefeiert wurde, vereinigten sich auch die Vieztrinker aller Länder auf dem Trierer Domfreihof. Die Künstler-Porz mit dem Titel „Purple Marx" wurde von Lydia Oermann gestaltet.

Der Erlös des Viezfestes kam wie immer einem guten Zweck, diesmal der Trierer Obdachlosenhilfe, zugute.

Nuren aus der Porz

schmeckt de Viez

su richtich gammer

oder: PLÄDOYER AN DIE TRIERER WIRTSLEUT' FÜR DIE PORZ

Zum Viez dao fällt mer ebbes ein,
dän Trierer liewt sei' Vizewein,
nur muss eich hei maol ebbes saon,
eich kann et gaor nöt gut vertraon,
krien eich serviert den Trank öm Glas,
dao micht et iewerhauwt ka' Spaass
seich aon dem Elexier ze freuen,
– m'r duut et trinken glatt bereuen.

Un ön su mancher Viez-Kaschemm'
dao kriejen eich jao schroa de Flemm:
„Mir ha' kaan Porzen mieh öm Haus –
die gönn geklaut" – red' mer sich raus.
„Öm Einkauf sönn se vill ze deier,
manch Gäst – wohl eher Leidsgeheier –
wollten ,aanen trinke' giehn,
hann die Porz daohaam jetzt stiehn.
Dat kann als Wirt eich nömmi maachen,
trinkt aus e'm Glas, trinkt anner Saachen!"

Ihr Wirtsleit bleiwt doch ön der Spur,
erhalt' die Porzen-Trinkkultur!
Lehnt aob et nött su kategorisch,
unn löst et organisatorisch:
Mer kann, onn dat muss mer nur wullen,
doch fier en Porz och Pfandgeld hullen,
on möt em Märkschi, dat wär schien,
dao öss dat ön de Griff ze griehn.
Dat jeden den de Viez gern baatscht,
och gären ön en Kneip rönlaatscht,
wo Viez aus Porzen gött getrong,
unn Trierer Liedcher gönn gesong.

Oh Viez, watt böß' de fier en Trank –
mer bleiwt gesond o' gött nöt krank!
Wie spieren eich daan Scherpsichkaat
ön Schlückcher voll Bescheidenhaat,
un nach der Porzen zwaii, drei, vier,
denkt mer gaor nömmieh aon't Bier.
Bevor eich trink' deich aus'm Glas,
holl liewer eich en Blume'vas'
unn stoss ich dran mer noch den Zahn,
hauptsach die öß aus Porz-ellan!

Helmut Haag, 6. Juni 2004

Viezfreunde
wohin man sieht

Die Trierer Viezbruderschaft ist heutzutage sicherlich einer der Vereine, der am lautstärksten und sehr öffentlichkeitswirksam für den Viez trommelt. Die Viezbruderschaft ist aber längst nicht der einzige Verein, der sich den Viez zur Aufgabe gemacht hat oder bei dem der Viez eine große Rolle spielt. In Trier gab es sogar schon einmal einen ähnlichen Verein, ehe die Viezbruderschaft 2010 gegründet wurde: den Viezclub Trier. 1966 hatte sich eine Gruppe von Freunden und Kollegen unter diesem Namen gegründet. Im Vereinsregister eingetragen war der Club zwar nicht, einen scherzhaft zum „Präsidenten" gekürten Herrn gab es trotzdem, erzählt Günter Wilhelmi aus Konz, der dem Viezclub angehörte. Wilhelmi, Jahrgang 1940 und Sportfreunden in der Region auch als ehemaliger Bundesliga-Schiedsrichter bekannt, erinnert sich gerne an die Zeit zurück. Der Verein hatte immer genau 14 Mitglieder. Warum, weiß selbst Wilhelmi nicht mehr genau: „Das hat sich einfach so ergeben." 25 Jahre lang hatte der Verein in der bekannten Trierer Viezkneipe Alberg sein Domizil. Nach dessen Schließung 1992 wechselten die viezbegeisterten Herren ins Gasthaus Pieper in der Thebäerstraße. Dort treffen sich auch heute noch die fünf verbliebenen Mitglieder ab und zu zum Stammtisch – bei dem es aber längst nicht mehr so hoch hergeht wie früher. Hefeschnaps wurde gerne und reichlich zum Viez gereicht und kräftig mit einer selbst getexteten Viezhymne besungen. Gemeinsam mit den Frauen machten die Clubmitglieder viele schöne Ausflüge, unter anderem sogar eine Tour zum zehnjährigen Vereinsbestehen nach Wien. Vatertag wurde ebenfalls immer gefeiert - mit Viez und Familien.

Viezclub und Viezbruderschaft – nicht nur in Trier gibt es Vereine, die sich dem Viez verschrieben haben. Für das Viezbuch versuchen wir hier einen Überblick über Vereine mit Viez im Programm – ohne den Anspruch auf Vollständigkeit erheben zu können:

DIE LAMPADENER VIEZJUNGEN

Die Lampadener Viezjungen sind noch eine recht junge Viez-Vereinigung, entstanden im Herbst 2013. Fünf „Jungen" mittleren Alters haben sich damals zusammengetan und mit einer alten Kelter und einer geliehenen Obstmühle vom Nachbarn Viez gemacht, der nicht nur ihnen selbst, sondern auch vielen Freunden und Bekannten schmeckte. Alter Hochwälder Tradition gemäß werden die Äpfel von heimischen Streuobstwiesen geerntet, die ihnen die Ortsgemeinde überlässt. Mittlerweile sprechen auch einzelne Bürger die Viezjungen an, die ihnen das Obst ihrer Streuobstwiese im Gegenzug für ein paar Liter ihres Viezes oder Apfelsaftes anbieten. Auch wenn die Viezjungen nicht als Verein organisiert sind, so haben sie trotzdem ein Logo, in dem die alte Kelter zu sehen ist.

Die Viezjungen sind mittlerweile ein fester Bestandteil der Lampadener Dorfkultur. So wird seit einigen Jahren im Herbst in Kooperation mit dem Verein „Lebendiges Lampaden" ein Kelterfest ausgerichtet, bei dem die Jungen die Äpfel keltern und den gewonnenen Apfelsaft kostenlos für die Dorfbewohner zur Verfügung stellen.

Außerdem engagieren sie sich beim Lampadener Weihnachtsmarkt mit dem Ausschank von Glühviez, der Erlös geht an einen guten Zweck, und sie stiften Viez für die Martinsverlosung, deren Erlös wiederum einem guten Zweck zukommt.

Sogar eigene Apfelbäume, alte traditionelle Sorten, haben die Viezjungen vor einigen Jahren in Lampaden gepflanzt.

> Dirk Kirsten, currykirsten@web.de
> in Facebook gibt es die öffentliche Gruppe
> Lampadener Viezjungen

WILTINGERVIEZ E.V.

Aus der Liebe zum Viez, dem Verantwortungsbewusstsein gegenüber der Natur und dem Kulturgut, sowie der Suche nach einer neuen Herausforderung hat eine Gruppe junger Leute in Wiltingen an der Saar 2011 begonnen, ihren eigenen Viez zu keltern. Ein Projekt, das auf Anhieb ein Erfolg war. Inzwischen ist aus der Idee, Äpfel zu retten, die sonst meistens liegen geblieben wären, ein eigener Verein entstanden. WiltingerViez e.V. gegründet 2017 mit etwa 20 Mitgliedern.

Ein großes Projekt, das unter anderem mit Hilfe der Trierer Viezbruderschaft realisiert wurde, war das Anlegen einer eigenen Streuobstwiese mit alten Apfelsorten.

Probieren kann man den Wiltinger Viez an den Festen Saarpedal (Aktionszone Wiltingen) sowie als Glühviez am Sterntaler Weihnachtsmarkt im Brunnenhof Trier.

Verkauft wird der Viez, solange der Vorrat reicht, in Bag in Box oder in der Flasche nach Absprache ab Hof in Wiltingen. Das Motto des Vereins können sicher viele Viezfreunde unterschreiben: „Heimat ist, wo Apfelwein Viez heißt!"

> www.facebook.com/WiltingerViez
> www.instagram.com/WiltingerViez
> www.WiltingerViez.de

»Heimat ist,
wo Apfelwein Viez heißt«

Motto des Wiltinger Viez e.V.

GRUPPE PFALZELER VIEZ E.V.

Die Gruppe Pfalzeler Viez wurde 1994 als unabhängige ehrenamtliche Gruppe gegründet und 2019 ins Vereinsregister eingetragen.

Jedes Jahr Anfang Oktober veranstaltet der Verein in dem schönen Trierer Stadtteil Pfalzel ein Viez- und Kelterfest. Dort werden Viez- und Apfelsaft frisch gekeltert. Geerntet werden die Äpfel von heimischen Streuobstwiesen, deren Pflege der Verein ebenfalls zu seinen Aktivitäten zählt. Aus dem Erlös des Festes werden diverse Projekte im Dorf unterstützt oder von der Gruppe Pfalzeler Viez in Eigenregie durchgeführt.

Derzeit besteht der Verein aus 15 aktiven Mitgliedern, die beim Viezfest durch die tatkräftige Mithilfe von Partnern und Kindern verstärkt werden.

■ Peter Runkel, runkelpeter@web.de

DIE BERGMANNSKAPELLE GLÜCK-AUF THOMM 1927 E.V.

Die Bergmannskapelle „Glück-Auf" Thomm 1927 e.V. wurde 1927 gegründet und präsentiert sich heute in schmucker Bergmannsuniform mit ca. 30 aktiven Musikern im Alter von 16 bis 70 Jahre. Die Kapelle steht seit August 2019 unter musikalischer Leitung von Lothar Breitmeier. Wie viele Musikvereine, so haben auch die Thommer zahlreiche Auftritte im Ort und bei befreundeten Vereinen. Zudem feiern sie im Dezember den traditionellen Barba-

ratag in Thomm. Eine Verbindung zum Viez hat die Bergmannskapelle nicht nur, weil sie bisher bei allen Viezfesten der Trierer Viezbruderschaft Auftritte hatte, sondern auch, weil die Thommer selbst schon seit 1999 ein Viezfest veranstalten. Die Idee dazu hatte der damalige Vereinsvorstand. Seitdem wurde das Fest im Zwei-Jahres-Rhythmus gefeiert und hat sich als feste Veranstaltung im Kalender der Hochwaldgemeinde Thomm etabliert. Das Fest findet immer am dritten Wochenende im September statt. Neben einem abwechslungsreichen musikalischen Programm, zu dem der Verein befreundete Kapellen aus der Region einlädt, runden ein „Viezdreikampf" mit der Krönung eines Viezkönigspaares, sowie der Kuchenbackwettbewerb „Bester Thommer Apfelkuchen" das Programm ab. Für Kinder gibt es mit einem eigens konstruierten Keltertisch mit Obstmühle ein Schaukeltern, bei dem gezeigt wird, wie das Obst früher gekeltert wurde.

■ www.bergmannskapelle-thomm.de

FEUERWEHR MERTESDORF

Seit 150 Jahren gibt es in Mertesdorf eine Freiwillige Feuerwehr, die mittlerweile von einem Förderverein unterstützt wird. Die Mertesdorfer Wehrleute (35 Aktive, Jugendfeuerwehr und Bambini-Feuerwehr) kennen sich nicht nur damit aus, wie man Brände, sondern auch, wie man Viezdurst löscht, denn seit 11 Jahren feiern sie jedes Jahr am ersten Wochenende im September ein großes Viezfest. Die Initiative dazu kam von jungen Leuten aus der Wehr. Anfangs wurden auch noch selbst Äpfel von der Wehr gepflückt und als Kontingent abgegeben, mittlerweile ist der Aufwand aber zu hoch, der Viez wird direkt in Thomm bezogen. Limburger- und Hausmacherschmieren sowie Flammkuchen gehören zu dem zünftigen Fest, das sich zu einem richtig großen Dorfereignis entwickelt hat.

■ Manfred Huberty, manfredhuberty@gmail.com

VIEZKELTER FÖHREN

In Föhren gibt es eine Viezkelterstation, die von der Ortsgemeinde im Jahr 1994 fertiggestellt wurde. (http://viezkelter.de/geschichte.html). Sie wird ehrenamtlich betreut. Die Kelter besteht eigentlich sogar aus zwei Keltern, einer Hydraulikhandpresse und einer kleineren Kelter mit Handantrieb, die schon über 100 Jahre alt ist.

Rund um die Kelter gibt es mittlerweile eine ganze Reihe von Festen, wie das Maifest des Gesangsvereins Föhren, „Rock an der Viezkelter" der SPD Föhren und im Jahr der EM und WM Public Viewings der AWO Föhren. Natürlich wird auch gekeltert. Die AWO Föhren veranstaltet jedes Jahr das „Keltern mit Kindern" im Herbst am jeweiligen Freitag vor der Meulenwaldwanderung des Heimat- und Verkehrsvereins und der Ortsgemeinde Föhren. Zudem hat sich über die Jahre eine Stammkundschaft von sechs Gruppen von Wittlich bis nach Trier gebildet, die, je nach Ausfall der Apfelernte, im Herbst die Viezkelter zum privaten Keltern nutzen.

Zur Bartholomäus-Kirmes (jährlich wechselnder Veranstalter aus der Gruppe Sportverein, Feuerwehr und Musikverein) gehört eine Viezprobe, und es gibt einen Viezabend der CDU Föhren.

Föhren ist ein Dorf mit langer Viezproduzenten-Tradition. Auch heute gibt es noch rund ein Dutzend Haushalte, die ihren eigenen Viez herstellen.

❚ Bernd Valerius, kontakt@viezkelter.de
❚ www.gemeinde-foehren.de/de/einrichtungen/
viezkelterstation

KV OACHER VIEZÄPPELCHER

In der Region Trier gibt es einen weiteren Verein, der den Viez im Namen trägt, einen Karnevalsverein: den KV Oacher Viezäppelcher. Die Gemeinde Aach war früher eine der größten viezproduzierenden Gemeinden im Trierer Land – darauf bezieht sich der Name des Vereins. Ein Viezfest feiern die 150 Karnevalisten des 1988 gegründeten Vereins zwar nicht, doch als Gastgeschenk haben sie bei Besuchen auf anderen Karnevalsveranstaltungen immerhin stets eine Flasche Likör aus Aacher Äpfeln mit im Gepäck.

❚ info@kv-aach.de

MV ROMMERSHEIM

Auch in der etwas nördlicheren Eifel wird gerne Viez getrunken. In Rommersheim bei Prüm veranstaltet der Musikverein schon seit 1988 ein Viezfest. Ursprünglich war das ein Sommerfest. Weil einige der Musiker den Apfelwein aber sehr schätzten und der damalige Dirigent Paul Ludwig selbst kelterte, wurde das Sommerfest zum Viezfest umgewidmet – und in der Region zunehmend beliebt.

Viezdisco für das jüngere Publikum, Tanzmusik und Blasmusik locken an einem Wochenende immer viele hundert Besucher an. Den Viez stellen die Musiker selbst her, meistens mit Äpfeln von der Sauer. Beliebte und deftige Beilage dazu sind Schmalzbrote. Zwischen 250 und 400 Liter Viez werden beim Fest konsumiert.

❚ Florian Henkes
❚ unter www.viezfest.de